本书由广西高校人文社会科学重点研究基地
“区域社会管理创新研究中心”建设经费资助出版

缑文学 著

理论自觉

与中国社会学的本土化

Li Lun Zi Jue

Yu Zhong Guo She Hui Xue De Ben Tu Hua

知识产权出版社
Intellectual Property Publishing House
全国百佳图书出版单位

图书在版编目（CIP）数据

理论自觉与中国社会学的本土化 / 缑文学著. — 北京：知识产权出版社, 2016.9
ISBN 978-7-5130-4340-3

Ⅰ.①理… Ⅱ.①缑… Ⅲ.①社会学史－中国 Ⅳ.①C91-092

中国版本图书馆CIP数据核字（2016）第178696号

内容提要

社会学本土化是世界社会学运动的一部分，中国社会学的本土化与社会学从西方传入中国是同步的，因此，社会学中国化即中国社会学的本土化是一个伴随着中国社会学成长的经久话题。理论自觉的学术取向与学术态度是中国社会学走向自觉本土化的良好学术心态，有助于确立具有中国特色的社会学理论体系与学派，有助于中国社会学走出“边陲”，逐步与欧美强势社会学确立平等对话的互动地位，改变长期形成的“统制”格局，能够最大限度地唤起社会学者的学术自信心和反思批判能力。

本书从学术史的角度梳理了中国社会学本土化的历程，以解放（批判）的视角提出理论自觉是社会学中国化并走向世界的有效途径，指出秉持理论自觉的学术胸襟和理性态度是中国社会学处理古今中外关系的成熟表现，是中国社会学走向繁荣的不二选择。本书赋予了理论自觉新的含义，并丰富了学科本土化理论的内涵。

责任编辑：李小娟

理论自觉与中国社会学的本土化

LILUN ZIJUE YU ZHONGGUO SHEHUIXUE DE BENTUHUA

缑文学　著

出版发行：	知识产权出版社有限责任公司	**网　址**：	http:// www. ipph. cn
电　话：	010－82004826		http://www. laichushu. com
社　址：	北京市海淀区西外太平庄55号	**邮　编**：	100081
责编电话：	010－82000860转8531	**责编邮箱**：	61026557@qq.com
发行电话：	010－82000860转8101 / 8029	**发行传真**：	010－82000893 / 82003279
印　刷：	北京中献拓方科技发展有限公司	**经　销**：	各大网上书店、新华书店及相关专业书店
开　本：	720mm×1000mm　1/16	**印　张**：	11.5
版　次：	2016年9月第1版	**印　次**：	2016年9月第1次印刷
字　数：	164千字	**定　价**：	58.00元

ISBN 978－7－5130－4340－3

边陲性与学术自觉(自序)

中国社会学恢复重建已近四十年了，到底我们要恢复重建什么样的社会学？对于这个问题却并未展开全面的讨论。西方社会学是英国工业革命与法国大革命的直接产物。吉登斯认为社会学是一门探索与反思现代性的学问。中国社会现代化源于外部压力，是对外部压力的一种回应，同时又具有明显的社会主义特征。中国社会学的主要任务与功能应该完成对中国社会现代性的探索与反思。

近代以来，“百病缠身”的中国社会遭遇了西方学术的强势入侵，面对一个陌生、异质但却强势的学习对象，我们难免产生惶恐而又膜拜的心态。在这样一种情况下，往往会采用非理性反应，要么一味地抗拒，要么全盘接收。长期如此的话，整个学术界就会丧失独立性，对外来事物抱有高度的依赖性——边陲性。

郑杭生先生在21世纪初提出理论自觉的学术命题，指出我们要知道自己理论的来龙去脉。无论何种自觉，总是意味着对自身规定性的觉悟与自律，而这种觉悟与自律又都是以自身作为把握对象为条件的。学术自觉亦然。将自身作为把握对象的思维活动就是所谓的反思。因此，在一定程度上理论自觉就是对自身理论的不断反思和重新认识。学术自觉意识的提升能在最大程度上克服边陲心态，弱化边陲思维，确立学术自信。最为关键的是，通过学术自觉能够使“边陲地带”的人们意识到自己所处的位置，进而奋起改变这种“统制”局面，这种过程实为哈贝马斯笔下社会学的解放旨趣。

回顾古典时期社会学的三位奠基人马克思、韦伯与迪尔凯姆，三大思想家从各自所处的社会背景出发，对启蒙运动以来的社会发展进行了深刻的分析和批判。但三位思想家对现代性的分析所持的视角却截然不同，形成了古典现代性理论的基本研究取向：实证的取向（迪尔凯姆）、解释的取向（韦伯）和解放（批判）的取向（马克思）。马克思从资本主义角度对现代性做出解释和展望。他对资本主义社会中的工人无产阶级的处境做了诠释。在马克思眼中，资本主义社会中的工人是处于被剥削的不利“客观”状态，然而，事实上身处其境的工人却未必对此境遇有如此的体认，乃至他们认为所接受的对待是相当合理而且公平的。

长期以来，中国学术在与西方强势学术的碰撞中，一直处于回应性的劣势之下，因此逐渐形成了当前这种被西方“统制”的状态，并理所当然地认为这就是本来的合理格局。马克思理论与依附理论就是要求无产阶级与发展中国家从这种看似合理的种种制约和限制中寻找自我解放的途径。学术自觉亦即为要求边陲中的学者通过反思，意识到自身的这种不利局面，进而寻求有效途径改变格局，最终达到相互平等。而这种最佳途径就是学术的本土化。因此，“解放旨趣”作为社会学研究的基本旨意，原具有历史性的意义，而这正是启蒙理性的精髓所在，也是西方社会学传统的基本精神。故，本土化实为边陲地区社会学的解放运动，它本身具有启蒙作用，往往可以形成一股实际的社会力量来引导社会变迁，马克思理论就是一典型例证。

理论自觉就是唤醒社会学的解放旨趣，扩大社会学的社会功能，长期以来社会学的研究大都依附在实证和解释的取向之下，而较少发挥社会学的解放功能，这是对社会学功能的严重窄化。因此，理论自觉取向下的社会学本土化能够引导中国社会学走出迷思与困境，成为解放世界社会学的全新力量，通过对现有西方社会学理论的反省与批判，达到世界社会学的普遍繁荣。

目 录

第一章　绪论

第一节　选题缘由与研究意义

一、选题缘由

社会学本土化是一种使外来社会学的合理成分与本土社会的实际相结合，增进社会学对本土社会的认识和在本社会的应用，形成具有本土特色的社会学理论及方法的学术活动和学术取向[1]。实际上，本土化不仅是一种学术活动和学术取向，同时，也是一种学术态度和思维方式。确立学科本土化的学术态度和认知方式，能够最大程度上弱化非社会学中心地区研究人员的边陲思维，建立起其主体性性格。对中国而言，社会学本土化也即社会学的中国化，中国社会学是从西方引进的，其成长与发展的过程，以及理论架构、概念体系、研究方法乃至研究主题都受到西方社会学的深刻影响。中国社会学是近代以来西学东渐的结果，是一种典型的舶来品，移植性是中国社会学的首要特性。

中国社会学的恢复重建与中国的改革开放是同步的。改革开放以来，中国社会进入快速转型期，并加快了现代化步伐，经过30多年的艰苦努力，

---

[1] 郑杭生，王万俊．论社会学本土化的内涵及其目的[J]．吉林大学社会科学学报，2000(1)：40.

中国社会在各方面取得了举世瞩目的成就，引起了世界的极大关注和重视。与此同时，也是中国社会学快速发展的阶段，伴随着西方工业化、现代化而生的社会学在中国社会也开始生根、发芽、开花和结果。但由于深受西方（尤其是美国）社会学的影响，中国社会学依然没有确立主体地位，与世界社会学中心地区无法平等对话和互动。经过中国社会学几代人多年的探索和努力，中国在社会学研究领域也取得了相当的成就，形成了初步的理论成果，但与欧美社会学中心地位相比依然缺少学术话语权和学术自主性，也与中国在世界格局中的地位不匹配。中国，人口约占世界人口的五分之一，经济总量世界排名第二，是联合国安理会五个常任理事国之一，已经具备了世界领先的航空航天技术，各项事业均已取得明显的进步。这些都是中国步入现代化的典型标志和象征，然而，伴随着现代化而产生的社会学在中国却并没有形成与其相称的地位和成就。主要的原因是中国社会学界还没有产生出像结构功能主义那样对世界社会学产生影响的学科理论，也没有形成如同迪尔凯姆的社会团结、韦伯的社会行动、帕森斯的结构功能等这样产生强烈共鸣的专业术语和概念。这是多年来中国社会学对西方欧美社会学亦步亦趋的模仿移植的学术态度造成的不良后果。

社会学是研究现代社会及其变迁的一门学科，是对现代社会特征的一种反思性分析和回应，其关注的核心主题就是“现代性”的形成和命运。因此，现代性是社会学理论研究的逻辑起点和核心主题❶。中国已经步入现代化行列，并且中国的现代化有别于西方的现代化。“从发生学角度看，中国社会现代化源于对外部压力的回应，因而是一种回应型的现代化。从发展模式上看，中国的现代化必然要走社会主义现代化的道路。回应型现代化和社会主义现代化是中国社会现代化的基本特点。”❷这就要求以中国现代性为核心主题的中国社会学必然要结合中国现实创造出属于本土的“中国经验”和解释中国社会现实的“中国模式”。吉登斯（Giddens）认为，当今

❶ 文军．逻辑起点与核心主题：现代性议题与社会学理论的研究[J]．华东师范大学学报，2002，34（5）：73-80.

❷ 闭伟宁．论中国社会现代化的历史特点[J]．江汉论坛，2011（12）：131-134.

经济学之所以重要，不仅是由于它的思想和理论，而且是因为它在一定程度上同经济现实相联系。但经济学思想并不能为了解现代制度的总体面貌提供框架。因此，以现代性为研究核心的社会学也必须紧密结合社会现实，才能建立起符合社会现实需要的思想和理论[1]。在今天，中国社会学的任务就显得尤为重要。因为，一方面，这是中国学者（主要是社会学家）结合中国现实，反映真实中国的学术使命，也是建立中国特色社会学的良好契机；另一方面，逐渐繁荣、强大的中国已经引起世界的关注，甚至恐慌，“中国威胁论”也层出不穷。这主要是由于西方人对中国的不了解和偏见所致，西方人以自己的一套价值观和认知方式套用到中国的强大上，以此推论，强大后的中国必将走上向外扩张的道路。然而，中国人的思维方式和价值理念以及处理人与自然、人与社会的关系的态度是不同于西方的，以西式现代化为“元神”的西方社会学理论明显不能也无法阐释变化中的中国。这就要求，中国学者应该“立足现实、开发传统、借鉴国外、创造特色”弱化边陲思维，确立主体意识[2]，自觉地创造具有中国特色的社会学理论，向世界展示真实中国，这既是中国社会学本土化需要存在的学科基础，也是培养中国社会学者批判能力和意愿的过程。确立反思性批判精神、树立主体意识、创建中国学派、繁荣中国社会学是每一位社会学研究者的责任与义务。

二、研究意义

从理论自觉的学术态度出发，研究中国社会学的本土化具有理论与实践两方面的意义。

从理论上看，本研究首先有助于比较科学、系统地认识和梳理中国社会学本土化的历程和特点，从而有可能在某些方面、某种程度上充实和发

❶ GIDDENS A, PIERSON C. Conversation with giddens:making sense of modernity[M]. Cambridge: Polity Press, 1998: 42-55.

❷ 郑杭生. 促进中国社会学的理论自觉[J]. 新华文摘，2009(24)：17-20.

展中国的社会学本土化理论；其次，通过对中国社会学本土化的考察，深层次地揭示欧美社会和中国社会由于在文化、政治、经济与区位条件等方面的不同而导致双方对于社会现象的体现与其决定因素所展现出来的差异，以此论证中国社会学本土化的实质意义和合理可行性；再次，在社会运行理论的框架内，为学科本土论增砖添瓦，丰富和发展中国社会学理论；最后，西方的方法（尤其是科学的方法）只是人类认识世界种种方法中的一种，通过对本土化的研究，确立另一种不同于西方的方法来诠释和理解人类社会，实质上，本土化理论丰富了世界社会学理论，给一直以来居于中心地位的欧美社会学理论注入一种新的活力。

从实践上说，“本土化”不是使社会学研究区域化，或发展后拿来与西方社会学相抗衡。正好相反，它是使得本土社会学家的努力能够被纳入社会学体系之中，为人类的文明于西方传统之外，提供另一条可能的理解和诠释途径。通过本土化的途径，改变中国社会学对于西方社会学高度依赖和深具移植的性格；培养本地学者的批判能力与意愿，加强他们的自我批判和反省能力，避免中国社会重蹈西方社会之旧辙，减少由于西方问题而带来的困扰；打破长期以来形成的中心——边陲格局，力求在欧洲和北美外确立新的社会学繁荣区，使得世界社会学形成多元化的局面，推进社会学全球化的发展。

第二节　海内外的相关研究

社会学本土化是一种使外来社会学的合理成分与本土社会的实际相结合，增进社会学对本土社会的认识和在本社会的应用，形成具有本土特色的社会学理论和方法的学术活动和学术取向。社会学学科的引进国，只有经由本土化的途径，社会学才能在这些国家得以成长发展，社会学学者才可能获得在国际社会学界与社会学学科的起源国和发达国家的学者平等地对话、交流和合作的条件[1]。伴随着西方工业化而产生的社会学在其逐渐成熟和壮大的过程中，也随着西方的器物文明而走向世界，尤其第二次世界大战以后，以帕森斯为代表的美国社会学理论更是以一种普世价值观的面貌跨出美国国门而走向全球。非西方国家（尤其是亚非拉等发展中国家）由于自身在政治、经济、文化等方面的劣势原因所致，纷纷依赖和移植了大量欧美（尤其是美国）社会学理论，这种“拿来主义”在确立本土社会学知识体系、理论框架与研究方法过程中，在迅速推进社会学建设方面均展现了其不可替代的功用和价值，为非欧美国家确立社会学的地位做出了不可否认的贡献，但与此同时，也逐步形成了以西方欧美社会学为中心、以非西方社会学为边陲的世界格局。帕森斯一生都在说，他的理论已摆脱了政治与文化价值，也就是达到了科学阶段。然而，近期哈佛大学档案馆所发现的文件证实了人们对帕氏的某些批评，即结构功能主义的价值中立不过是其维持美国的地位与冷战的意识形态[2]。德国社会学家齐美尔曾指出，在任何社会互动的情境之中，人与人之间都可能有优势（superordination）与劣势（subordination）之不同处境的区分。他称这种具优劣势之不同的社会关系为统制（domination），也就是居优势地位的成员具有影响、决定、控制居劣势地位成员的能力和机会。简单说，统制关系所展现的互动是一种不平等的交换形式[3]。对于西方社会学长期的高度依赖和不加批判地照抄照搬，使得非西方国家和地区逐渐误认为以西方工业化为基础的西方社会学理论和方法就是全球通用的阐释现代化的路径，逐渐丧失了学术主体性和反思批判的能力。当然，这也与西方社会学长期以来一直以科学的面目出现有关。然而，非西方国家和地区具有敏锐洞察力和民族责任的学者早已体察到了这一点，一直孜孜不倦地检视着自己所在地区社会学的发展趋势，并努力寻求既借鉴西方社会学合理成分，又结合本土现实的本土化

---

[1] 郑杭生，王万俊．论社会学本土化的内涵及其目的[J]．吉林大学社会科学学报，2000(1)：40.

[2] 安德森．社会学与本土化问题：历史视野中的加拿大与中国[J]．社会，1990(4)：11-13.

[3] 叶启政．社会理论的本土化建构[M]．北京：北京大学出版社，2006：29-30.

路径。这就是世界社会学本土化运动，社会学中国化是世界社会学本土化运动的一个重要或最重要的组成部分❶。

一、海外对于社会学本土化的相关研究

作为一种社会学领域内发生的学术活动或学术取向，社会学本土化运动有时又称为社会学"本土主义"运动（如非洲学者A. 阿格沃沃曾用此术语来代替本土化运动），但它不同于人类学者所论述和研究的"本土主义"运动。人类学中所使用的"本土主义"运动一词，系由美国人类学家林顿（R. Linton，1893—1953年）提出的，指某些土著民族重新提倡和肯定本民族固有文化的运动，如美国印第安人的仙人掌教（Peyotism）活动、西南太平洋美拉尼西亚人的船货崇拜（cargocult）活动等。

曼努埃尔·加米奥（Manuel Gamio，1883—1960年）是墨西哥著名社会学家和人类学家。20世纪20—30年代，他发起并领导了一场由众多墨西哥及南美大陆本地学者参加的、具有文化民族主义色彩的"本土主义者运动"（indigeinst movement）。他强调社会学应重视对墨西哥土著民族即印第安人的研究，认为土著民族的文化和品格对墨西哥社会具有积极的影响。他反对西方社会学、人类学关于土著民族的影响是消极的这类观点，反对把西方的民主、制度强加于土著民族的尝试，认为这种尝试会导致这个民族的解体。加米奥的研究虽然没有明确提出社会学本土化概念，但他发起的以强调本地区独特的社会现象或因素为研究重点的"本土主义者运动"，直接引发了拉美学者对其民族文化遗产进行"重新评价"，开启了拉丁美洲社会学本土化的先河。此后，质疑西方社会学知识、注重对本土社会现象的研究，逐步成为拉美地区社会学本土化的两大重要倾向。

1953年，拉丁美洲社会学协会召开了第二届拉美社会学家大会。正是在此次大会上，巴西著名社会学家、教育和文化部高级研究所主要创始人

❶ 郑杭生，王万俊. 论社会学本土化的内涵及其目的[J]. 吉林大学社会科学学报，2000(1)：40.

阿尔韦托·格雷罗·拉莫斯(Alberto Guerreiro Ramos,1915—1982年)“首次”提出了社会学的“本土化运动”,将“本土化”概念正式纳入社会学领域。拉莫斯批判了那种对欧美社会学理论“简单引进”的做法,竭力敦促他的社会学同仁丢弃从发达世界运来的“罐装社会学”。他认为,各国社会学者应根据本国的经验和特殊问题以及不发达国家的普遍问题,对已有的社会学概念和理论进行改造,提出自己的理论设想,建立适合于解决本国问题和拉美问题的社会学学派。拉莫斯的观点,较为概括地展示了社会学本土化概念的主要内容,勾勒出了社会学本土化的一些主要目的,如提高社会学对本国社会现实问题的解决能力、构建具有本国特色的社会学理论或学派。由于拉莫斯等拉美社会学者的倡导和努力,社会学本土化运动在20世纪50年代后的拉美地区,得到了蓬勃的发展。

澳大利亚早期的著名社会学家、社会活动家简·马丁(Jean Martin,1923—1979年)走过的道路,可以说是这个国家社会学“本土化”的一个缩影。马丁非常重视社会学工作者的社会责任和社会学对社会发展不容忽视的潜在贡献。她主张社会学应当完全与社会相适应,特别是在为决策者提供资料和理论认识方面是责无旁贷的。换句话说,社会学家只有接触国家政策,研究社会群体、社会生活各个领域提出的新课题,才能使社会学紧密地结合现实获得充分的发展。按照我们的说法,即“英雄有用武之地”。注重经验研究,经过系统地积累,而不是断断续续地研究,以便在不断发展的社会知识体系中发挥重要作用,这是她几十年来从事澳大利亚社会研究的理论与实践的总结。

加拿大社会学家安德森指出,在20世纪五六十年代,加拿大社会学也存在过于依赖美国社会学的局面,美国社会学(尤其是占统治地位的芝加哥学派和帕森斯的结构功能主义)曾一度对加拿大社会学施加了巨大影响,极大地削弱了加拿大社会学的独立性和原创力。加拿大大多数社会学家一直受到“价值祛除社会学”的影响,从未考虑社会学理论还有国别问题。尽管加拿大社会学一直受到美国理论与方法的入侵,但这些理论与方法被视为普遍性的，而不是美国的。在此局面下，克拉克等思想家不断提出社会学加拿大化的问题，但直到20世纪60年代末、70年代初，这个运动仍未引起任何重视。只是此后，人们才增加了对加拿大经济与文化自主性的全面认识及其关注。海勒认为社会学的加拿大化应该分为两个阶段：第一阶段集中在雇佣政策及课程的加拿大内容方面。雇佣问题是由于人们对大批外国人在加拿大占有学术地位的关注而引起的。至1972年，加拿大社会学会成功地说服了联邦政府削减外国社会学家进入加拿大的数量。第二个阶段集中在一种转变，即从有关个人问题的研究转向对加拿大社会学的研究（既是内容上又是观点上）。20世纪70年代中后期，美国社会学的研究方法受到猛烈抨击，社会学刊物上的许多文章强调了独特的加拿大社会学的重要性。研究工作应当将独特的加拿大理论取向与加拿大自身的材料结合起来。利用美国理论的加拿大的社会学，对于进一步发展加拿大社会学并无益处。加拿大的社会学与加拿大社会学是有区别的。克莱曼特认为，加拿大社会学必须是历史的、宏观的、交叉学科的，并且将加拿大历史与社会的独特性结合起来。

美国学者林南认为“社会学中国化”是指“将中国社会文化特征及民族性融纳到社会学里”（欧美学者正因为运用了那些代表他们社会与民族特性的初级证据构造社会理论，进而建立了社会学的内容与体系）。这个定义与“中国社会学”这个名词不同，后者仅描述发生在中国所有涉及社会学的学术性及专业性活动。因而他认为社会学中国化是一个可以超越地域的工作，它所涉及的社会文化特征及民族性包括了结构、团体和个人各个层次，而这些特征及特性可融合于理论或方法论上。因而，他认为从只有世界性的角度才能看出社会学中国化的实质意义。把中国化的社会学视为一个仅有中国人可参与的运动，而且排斥非中国特征的方法与资料的社会学，那是不正确的。中国化社会学应该有其世界性的意义，而把复兴社会学当作它的主要任务。

从社会学本土化史的角度看，有的学者注重以本土社会较特殊的重要社会现象为研究的突破口，也有学者以批判西方（尤指美国）社会学对于非西方地区的“侵略”为研究的突破口。前者如墨西哥社会学本土化先驱曼努埃尔·加米奥对土著印第安民族的研究、非洲学者阿格沃沃对约鲁巴人口头诗的研究、日本学者有贺喜左卫门对日本乡村租赁制度的研究、澳大利亚学者简·马丁重视社会学工作者的社会责任和社会学对社会发展不容忽视的潜在贡献的研究等。后者如巴西学者阿尔韦托·格雷罗·拉莫斯对于发达世界的社会学是“灌装社会学”的批判、加拿大学者安德森对于美国学术帝国主义的批判研究等。以上研究都是以“局内人”的身份而展开的研究。还有的学者是以“局外人”的身份对于社会学本土化运动的研究，如美国学者林南对于社会学中国化的研究。以上研究都或多或少地对中国社会学本土化研究起到了促进和启发的意义，值得中国国内学者反思和借鉴。另外，从社会学本土化的区域来看，既有发展中国家的本土化，比如非洲、拉美和中国等，也有发达国家的本土化，比如加拿大、澳大利亚和日本等。因此，本土化运动是世界社会学发展的总趋势，不是仅仅存在于亚非拉的地区性学术活动中，中国社会学本土化运动是世界社会学本土化运动的组成部分。

二、国内关于中国社会学本土化的相关研究

结合中国社会学史与中国社会学本土化的历程可以看出，两者之间是交互缠绕、互相促进的。“众所周知，社会学是一门在社会科学中占有重要地位的、正在迅速发展的、在中国有特殊经历的新型学科。”[1]社会学产生于西方，在中国经历了引进、传播、发展、停滞（取消期）、恢复和重建这么几个阶段，它的经历是坎坷的。同样，中国社会学的本土化（亦即社会学中国化）也是随之经历了复杂和多变的坎坷历程。广义的中国社会学本土化问题的研究是伴随着社会学传入中国而同步进行的。被称为引入西学“真

[1] 郑杭生．中国社会学百年轨迹[J]．东南学术，1999（5）：87-96.

经”第一人的严复在翻译赫胥黎的《进化论与伦理学》和赫伯特·斯宾塞的《社会学研究》等西方著作时，并没有照搬直译，而是将之与中国传统文化相结合，根据自己的理解，分别命名为《天演论》和《群学肄言》。实际上，可以认为广义的社会学中国化历程就是一部中国社会学史。对于中国社会学本土化历程的划分，我们依然可以借鉴郑杭生先生对于中国社会学史的分段，即新中国成立前中国社会学的本土化和新中国成立后中国社会学的本土化两个阶段。当然，在这两个阶段之下，又可以分为不同的小时段。新中国成立前，对于中国社会学本土化问题的研究，在一定程度上可以说主要是国内学者出于民族情感和民族自尊而发起的回应西方社会学理论的一股思潮，是初级的、缺乏理论自觉性的。新中国成立后，尤其在社会学恢复重建后，国内学者对于中国社会学本土化的研究随着该学科的发展和完善而逐步走向了科学化和规范化，已经超越了地域化的局限，具备了世界眼光，开始自觉地开展本土化运动。通过“立足现实、开发传统、借鉴国外、创造特色”来逐步建立具有中国特色的社会学理论体系。

总体来看，恢复重建后的中国社会学对于本土化的研究主要集中在以下几个方面。

（一）中国社会学本土化基本问题的研究

1. 社会学本土化的内涵理解

郑杭生认为“社会学本土化是一种使外来社会学的合理成分与本土社会的实际相结合，增进社会学对本土社会的认识和在本社会的应用，形成具有本土特色的社会学理论和方法的学术活动和学术取向”[1]。该观点指出了本土化的含义的同时，也指明了本土化的目的，郑杭生认为本土化是一种学术取向，这是非常切合“化”的本质的。根据此观点，中国社会学的本土化需要借鉴西方社会学的合理成分，并且紧密结合中国实际，最终形

[1] 郑杭生，王万俊．论社会学本土化的内涵及其目的[J]．吉林大学社会科学学报，2000(1):40.

成具有中国特色的社会学理论和方法。

美国学者林南认为“社会学中国化”是指“将中国社会文化特征及民族性融纳到社会学里”[1]。费孝通、王康、于光远等认为社会学中国化必须坚持马克思主义传统。社会学本土化到底是恢复重建西方资产阶级社会学还是马克思主义社会学，这是至关重要的，20世纪50年代，社会学被取消是与其不无关系的，这关系到中国社会学的方向问题，社会学研究者必须对社会学中国化有一个深刻而明晰的认识。

部分学者认为社会学中国化就是要建立一个区域性的中国社会学流派；也有学者认为社会学中国化就是要建立起以阶级性、民族性、科学性为其主要特征的中国社会学学派，即具有中国特色的马克思主义社会学体系；还有的学者认为，社会学是从西方传入的，它既是一门科学，同时又是一种文化，作为科学是无国界的，而作为文化则具有明显的国家和民族的差异，因此，社会学中国化应具体问题具体分析，先进入资产阶级社会学的内部，后化出马克思主义的中国社会学。

只有正确理解社会学中国化的深刻内涵，才能顺利开展该学术活动。从这些对社会学中国化含义的不同理解可以看出，不同的学者分别从文化、制度和社会学学科性质方面界定了社会学中国化的内涵以及社会学中国化的目标。但有一点是相同的，即必须对西方社会学持反思批判精神，所要借鉴的必须是它的合理成分，最终要建立的是具有本土特色的社会学理论体系——具有中国特色的马克思主义社会学体系。当然，体系里面必然包含了中国优秀文化，因为它是具有中国特色的马克思主义社会学，这一点大部分学者已基本达成共识。

2. 中国社会学本土化历程的划分

对当代中国社会学本土化历程进行划分，是为了更好地厘清社会学自1979年恢复重建以来在中国所取得的成就，以及更加明确未来的发展取向。不同学者根据其研究视角和划分标准将中国社会学本土化划分为不

[1] 林南. 社会学中国化的下一步[J]. 社会科学战线，1985(4)：133-138.

同的阶段。郑杭生以新中国的建立为分界线,将中国社会学本土化划分为20世纪上半叶中国早期的社会学本土化阶段和新中国建立后的中国社会学恢复与重建阶段的本土化。纪德尚依据社会学本土化的历史形态和既定形态将其划分为引进、吸收、消化的过程和综合、转换、创新的过程。杨建华认为中国社会学大致可区分为三个发展阶段:导入期,从19世纪末到20世纪20年代;建构期,从20世纪20年代到50年代初;停滞与复兴期,从20世纪50年代初到20世纪末。夏玉珍将中国社会学理论的本土化划分为三个阶段:社会学理论相对广义的本土化时期(1895—1953年)、社会学理论相对狭义的本土化时期(1979—2009年)、社会学理论的本土化反思角逐期(2009年至今)。杨敏依据当代中国社会学理论研究内涵和形式的重要变化,认为从20世纪70年代末中国社会学恢复重建至今,中国社会学理论研究大致可分两个阶段:第一阶段从恢复重建约至20世纪末;第二阶段约从21世纪以来至今。

我们可以从以上学者对当代中国社会学本土化进行划分的论述里,进一步地将它们概括为三种大的取向:第一,是从世界社会学本土化运动的广阔视野出发结合中国特有事件透视中国社会学的本土化运动,以郑杭生、纪德尚等为代表;第二就是侧重于结合中国社会学的百年发展历程,划分中国社会学本土化的阶段,这种划分方式以夏玉珍、杨建华等为代表;第三就是侧重于将划分的时间定位于社会学恢复重建后的这段区域里,主要的依据是当代中国社会学理论的研究内涵和形式的变化,这种划分方式主要以杨敏为代表。其实这三种划分标准都在一定程度上合理地折射出了当代中国社会学本土化的面貌,具有自身的论证逻辑和社会共识的合理性。

3. 中国社会学本土化的意义及途径

陆学艺认为中国社会学正面临着重建和发展,本土化是一个重要的议题。中国社会学在本土化道路上要注意三个方面的问题:第一,要读懂中国、服务中国；第二，要把握现在快速的社会变迁；第三，要培养人才，建设学科。

郑杭生认为中国社会学在百年历程中既要处理中国现实与传统社会思想的关系，又要处理与国外社会学思想的关系，并同时承担着自身创新和发展的任务。因此，中国社会学需要具备“立足现实、开发传统、借鉴国外、创造特色”的品质，融中国社会学的过去、现在与未来为一体，凸现了中国社会学纵向发展的主要意涵，既是百年轨迹的凝练，更是未来前景的瞻望[1]。

刘少杰、向德平、杨雅彬等学者认为中国社会学在本土化过程中除了要处理好中西关系以外，更重要的是要从中国传统文化中汲取营养，因为悠久的中国历史中蕴含着丰富的社会思想与人文情怀。重视社会学的人文品质能够拓展中国社会学的基础，创造出有别于西方社会学的特色理论。

在如何实现中国社会学本土化的问题上，李强认为应该建立关于中国社会学的“中距理论”，他认为中距理论就是连接宏大理论与经验事实之间的一种中介，有助于社会学理论的中国化。田毅鹏认为应该建立一个中学、西学转化的平台，这是未来中国学术界面临的一个非常重要的课题。在具体策略方面，余建华提出四点意见：一是要采用批判的眼光，全面审视西方已有研究成果；二是深入挖掘本土文化传统，把握其在历史上的传承，以便于我们能充分理解当今社会行动的意义及当今社会的构成；三是以问题为中心，而不是以方法论为中心；四是增强本土化意识，逐步扩大本土化研究队伍。

从现有文献来看，自20世纪末以来，学界关于社会学中国化讨论最多的莫过于中国社会学本土化的意义和实现途径了。对于前者的讨论，经过多年的交流和争鸣，学界基本形成共识，即要使中国社会学走向世界就必须走本土化道路，只有建立具有中国特色的社会学才能与西方社会学展开

[1] 郑杭生. 社会学本土化及其在中国的表现——中国特色社会学理论探索的梳理和回顾之三[J]. 广西民族学院学报：哲学社会科学版，2004，26（1）：144-154.

平等对话,改变当今世界的社会学格局。当然,此过程是一个漫长而且艰辛的征程,需要中国社会学同仁共同努力方能实现。如果仅依靠少数学术个人是无法也无力实现的,因为在中国社会学本土化过程中,我们既要精通西方社会学理论,又要谙熟中国丰富的社会思想,在此基础上将二者有机结合起来,这就要求我们必须付出比西方学者更多的精力和劳动,才能形成自己的理论架构。只依靠个体是无法完成如此繁重的任务的,这就要求中国社会学界必须形成自己的学派。中国社会学既要本土化,同时又要超越本土化。实现本土化并不是为了要抗衡西方社会学,而是要提供另一条理解和诠释的途径,真正将中国社会学纳入世界社会学体系,这就要求对于西方理论要理性看待,既反对照抄照搬,也反对盲目排外;对中国传统社会思想也要辨别真伪,取其精华,弃其糟粕。

(二)中国社会学理论本土化的研究

1. 社会学本土化的基本理论问题

研究社会学本土化,首先需要探讨的是社会学本土化的一些基本理论问题,包括社会学本土化的由来和界说、社会学本土化的类型和特征、本土化实现的条件,以及社会学本土化与社会学西方化、国际化、全球化的关系等。

郑杭生通过对社会学本土化运动的详细考察,根据不同的划分标准,将社会学本土化分为不同的类型。这对于我们认识和深刻分析本土化有着巨大的帮助。中国社会学的本土化,是由中国学者明确提出来的,具有很强的目的性,因此,它是一种运动型的本土化。

郑杭生认为作为一种社会学的学术活动或学术取向,社会学本土化主要具有四大基本特征,即起点上的反思性、功能上的整合性、空间上的世界性和内容上的多方面性。在此基础上,他进一步指出,社会学本土化不会导致排外主义,也并非相对主义,更不会导致局内人主义,也同时指出,本土化不同于对本土社会问题的研究。在探讨本土化与西方化、国际化、全球化的关系时，他指出，中国社会学要坚持“立足现实、开发传统、借鉴国外、创造特色”的发展方针，本土化应该与国际化、全球化联合起来一起考虑，我们要构建本土，同时又要超越本土，既需要本土风格，又需要世界眼光，这两者应该统一起来。这一点在学界已经达成了广泛共识。

李培林、周晓虹、王宁、景天魁、李迎生等学者都一致认为，社会学的中国化不是对西方理论的完全拒斥，也不是对传统社会思想的简单回归。本土化后的中国社会学既要具备中国特色，同时也不失国际规则，应该是主体性与开放性兼具的世界社会学体系的一部分，为世界社会学提供中国社会学家独特的贡献。

在探索社会学中国化顺利推进的条件和机制中，郑杭生认为，增强主体意识，弱化“边陲思维”是社会学中国化顺利推进的前提条件；形成真正的社会学中国学派是社会学中国化顺利推进的有效机制。

从以上学者对于本土化基本问题的讨论中可以看出，在本土化理论建构中，我们既要立足现实，又要借鉴国外优秀理论；既要建构本土，又要超越本土；既要本土风格，又需世界眼光。我们应该警惕在本土化中借口西方社会学不能完全解释中国的本土实际，而在实际研究中全然无视西方社会学已经取得的理论成就，漠视西方社会学乃至整个社会科学领域所形成的学术规范、研究准则和研究方法论，以一种专业程度极低的方式从事学术研究，其结果是导致大量低水平、重复性的研究，创新性理论成果甚少。事实上，我们不可能完全否定“西式现代化”所架构出来的“全球化”的基本理念思路，在这里，本土化也无意去完全颠覆并取代“西式现代化”，本土化实质上意味着平等的对话、祛除原有的“主仆”地位，力求呈现平等的互动地位，实则有利于全球化的推进。

2. 中国特色社会学本土化理论的建构

中国社会学自恢复以来，出现了一些有影响的中国特色社会学理论，如费孝通的小城镇理论、社会学传统界限扩展论等，刘少杰的感性选择理论，孙立平的社会断裂论，以及郑杭生教授与他的学术团队提出的社会运行论、社会转型论、学科本土论、社会互构论与实践结构论等中国特色社会学理论。

刘少杰、谢立中认为，郑杭生的"社会运行论"（广义的社会运行论，包括"五论"）不仅有对中国社会学历史的回顾和继承，也有对西方社会学流派的研究、思考和借鉴。郑杭生教授的理论是发展较成熟、较完整的，是比较完备的知识体系，已经初步创立了社会学运行学派。

向德平、夏玉珍认为费孝通在社会学中国化方面的贡献是不可磨灭的，其提出的"差序格局""长老统治""礼制秩序""名实分离"等概念深具本土化特色，具有很强的原创性与社会学想象力。费孝通"和而不同"的学术思想、学以致用的治学理念、本土化的研究路径、"行行重行行"的研究方法以及"多元一体"的文化自觉，都是中国社会学本土化的最佳例证。对中国人或熟悉中国文化的人们而言，阅读了之后，常常都不免会有"于我心有戚戚焉"之感。

郑杭生指出，中国社会学界的前辈们在世界社会学本土化的历史上功不可没。他认为正是由于社会学本土化在中国有着深厚的历史基础，新中国成立后虽然有过27年中断的曲折经历，但1979年恢复与重建后，在费孝通和雷洁琼带领下，中国社会学者又开始了对社会学本土化（中国化）的再倡导、再探索❶。

社会学在中国自恢复重建以来，除了社会运行学派的"五论"从宏观层面对中国社会进行的综合研究以外，不同学者也从不同层面和视角出发，展开了广泛的研究。这里主要有社会学研究对象和价值中立的研究，社会结构的研究，社会信任、社会资本和社会网络的研究以及社会建设的研究等。涌现出了一批富有建设性的研究成果。但同时，中国的社会学本土化理论研究还有进一步提升的空间，主要体现在：第一，经验研究的"过密化"和理论研究的"稀松化"并存，这在很大程度上影响了中国社会学整体的发

❶ 郑杭生．新型现代性与中国社会学[J]．中共宁波市委党校学报，2004，26（5）：21-24.

展;第二,政治取向的共同性,抹杀了富有各种世俗取向的理论个性;第三,依附性、垄断性理论阻碍了中国社会学理论向独立性、资源共享性理论的转变;第四,当代学科渗透与融合背景下的泛社会学的趋势,也在一定程度上影响了中国社会学理论的发展[1]。

(三)社会学研究方法的本土化

费孝通指出,社会学具有“科学”和“人文”的双重性格。尽管作为科学的社会学具有学术和社会现实价值,但社会学学科的价值,不局限于这种工具性。社会学的科学理性精神,本身是一种人文思想,而社会学的人文性及其在“位育”中的重要作用,又说明社会学研究要注意培养深刻的社会思想和人文精神,发掘文化的宝藏[2]。

潘绥铭分析了实证主义在什么情况、什么语境之下成为中国的选择,认为这是一个建构的问题,和全球化与本土化有关系,和中国的政治体制也有关系。他认为“统计分析往往只有数学上的合理性,在现实生活中缺乏合理性。社会科学做不到自然科学的精确数量化,但理想是应该追求的,社会科学家应该着力探索理想和科学之间的差距,普遍树立方法论的意识,而不要将精力主要放在调查内容与假设上”[3]。

林彬分析了社会学知识的多元性和本土化问题。他指出,在人文社会科学领域中,多元主义和相对主义逐渐占据主流地位,成为时代潮流,社会学知识具有多元性,不像实证主义观点认为的那样应该是一元的。科学的形成来源于具有本土化的各个国家、各个群体、各个阶层的学者在一起平等和民主地协商与讨论。对本土化的理论依据,要进行科学哲学和当代语

[1] 文军. 从移植与融合到反思与重建:1980年代以来欧美社会学理论在中国的引进与发展[J]. 社会科学研究,2005(5):140-146.

[2] 费孝通. 试谈扩展社会学的传统界限[J]. 群言,2003,30(12):280.

[3] 奂平清,任建英. 中国社会学的本土化和中国特色社会学的建构[J]. 探索与争鸣,2005(10):33-35.

言哲学、实用哲学方面的讨论，进行更深入的研究和探讨[1]。

风笑天认为目前中国社会学研究方法还处在一个相对较低的发展水平，研究方法方面表现出来的局限性已经开始影响整个中国社会学的发展。他进而指出，应该从社会学研究方法的规范化与本土化出发，提升中国社会学研究方法的水平。首先应该正确处理经验研究与理论研究之间的关系、定量与定性之间的关系、理想状态与现实条件之间的矛盾；其次，提高经验研究论文的规范化；最后，提升研究方法的教学训练与研究交流，注重研究方法的资料积累[2]。

张乐天、贺雪峰等认为，要解释中国这个特殊的社会和国度，就需要认真、仔细、踏实地去读懂中国。认认真真地做中国的田野研究，拿出几个让国际上能够认可的中国田野文本，这是一种比较好的、能够解读中国的方法和途径。通过"半结构性访谈"和发现"意外"的方法建构起有效把握经验自身逻辑的理论体系。

要实现社会学的本土化，研究方法的本土化是一个重要的方面。国内学者对于包括方法论在内的研究方法的讨论并不鲜见。大多数学者已经意识到中国社会学领域由于过于追求实证而导致学科的不利发展和不良后果，纷纷指出中国社会学不等于实证主义社会学。实际上，实证主义本身并没有什么"原罪"，它只是一门工具，关键在于如何运用它，如果实证主义泛滥的话，不但不能促进学科发展，反而会阻碍学科建设。学界对于实证主义的批判并不是批判实证方法，而是批判将实证主义奉为神明而对其他方法充耳不闻或者嗤之以鼻的狭隘自大的学术态度。费孝通在晚年也意识到这个问题，提出要扩展社会学研究的传统界限，这既是对中国学科发展提出的中肯建议，实际上也是费孝通对于自己前半生学术生涯的反思和检视。我们必须认识到，实证主义只是社会科学的研究范式之一，中国

---

[1] 林彬，王文韬．对当代中国社会学经验研究及研究方法的分析与反思——90年代社会学经验研究论文的内容分析[J]．社会学研究，2000(6)：38-48.

[2] 风笑天．社会学研究方法：走向规范化与本土化所面临的任务[J]．华中师范大学学报：人文社会科学版，2005，44(6)：44-48.

传统优秀文化里面蕴含着丰富的人文思想,应该将人文主义与实证主义同等重视,结合中国现实,深刻挖掘中国社会思想的精华。

哈贝马斯认为社会学的知识体系包含三种类型:经验分析知识和历史,释义学知识和批判,反思性知识。三种知识类型分别反映了人类的三种基本旨趣:①技术的认知旨趣,其关注对客观的或客观化的世界过程作正确的预测及有效的控制。②实践的认知旨趣,其关注人际间动机、意向和意义的理解。③解放的认知旨趣,其关注如何争取自由成长和进步,实现人的解放[1][2]。因此,解放旨趣作为社会学研究的基本旨趣,具有历史性的意义,不同于自然科学的知识,社会学的知识本身就具有意识启蒙的作用,它往往成为一股实际的社会力量来引导变迁,马克思的理论即是一个明例[3]。相对于西方社会学这样的传统,反观中国社会学,以往我们的社会学大多数依附在前两者的旨趣下发展,而忽略了社会学的反思——批判的品质,即解放的旨趣,导致中国社会学社会功能的狭隘化。故社会学的知识不仅仅应该被看作一门技术和具有实用意义的实证学问,更是一门具有解放人类社会的学问。立足于这样的认识,一方面需要不断地对产生于特定文化与社会条件下的西方社会学进行反思,另一方面需要对自己特有的社会思想和文化传统进行了解和解析,唯有如此,才能真正实现中国社会学的本土化,中国社会学也才能有其特色,并为世界社会学提供宝贵的另类经验。

(四)本土化与现代性研究

对于中国社会学本土化和关于现代化的研究成果较为丰富,但将二者结合起来进行研究,通过对现代化的考量来诠释社会学本土化的研究则相对较少。

郑杭生教授认为,中国社会学在本土化与国际化相结合的道路中,必

❶ 周晓虹. 西方社会学历史与体系:第一卷[M]. 上海:上海人民出版社,2002:31.

❷文军. 西方社会学理论:经典传统与当代转向[M]. 上海:上海人民出版社,2006:181-182.

❸ 叶启政. 社会理论的本土化建构[M]. 北京:北京大学出版社,2006:27.

须正视这样一个事实:旧式现代性的衰落和新型现代性的兴起。为此,他在对现代性的研究中提出了“新型现代性”的全新概念。他认为这种旧式现代性的衰落、新型现代性的兴起,既影响着中国社会学的国际化,又影响着中国社会学的本土化。旧式现代性就是那种以征服自然、控制资源为中心,社会与自然不协调、社会与个人不和谐,社会和自然付出双重代价的现代性。新型现代性,是指那种以人为本,人和自然双赢、人和社会双赢,两者关系协调和谐,并把自然代价和社会代价降到最低的现代性[1]。郑杭生教授一贯坚持“增促社会进步、减缩社会代价”这一社会学的深层理念,而对现代性的正确划分正是这一理念在现代化研究中的充分体现。旧式现代性的核心理念是“征服自然”,是西方工业化时期的产物,错误地认为人们掌握的资源越多越好,欲望越能满足越好,不顾大自然的承载力而一味地追求所谓的“生活品质”,忽视人与自然的关系。西方古典社会学理论也正是这种理念的产物,也是西方工业社会的产物,充满着迷思与偏见,罔视变迁源自外在诱因之第三世界的社会结构与变迁模式(吉登斯,1976年)。郑杭生教授提出的新型现代性揭露了旧式现代性这种扭曲的价值观,批判了其不合理性,强调了人与自然的和谐关系。当然,新型现代性绝非古代农耕社会的“崇拜自然”观,而是在反思旧式现代性的基础上,提出以人为本、人与自然和谐相处的发展观,即中国社会的“科学发展观”,全世界普遍达成共识的“可持续发展”。新型现代性既植根于中国传统自然观——天人合一,又具有世界眼光,指出了当今世界发展的必然趋势。

对旧式现代性做出反应的,不仅有新型现代性,而且还有后现代性。后现代性对现代性持全盘否定的态度,它是一种消极、反面的回应,只有解构,没有建构,无助于社会学理论的重建,更无助于增进社会的和谐与协调发展。新型现代性是对旧式现代性积极、正面的回应,是一种建设性的批判,批判中有建构,目的是要去除旧式现代性中的弊病,彻底反思旧式现代性,而并非简单的全盘否定,只有如此,才有利于社会学理论的建构,有利

[1] 郑杭生. 新型现代性与中国社会学[J]. 宁波党校学报,2004,26(5):21-24.

于社会的协调发展与良性运行。

作为一门独立形式的社会学的出现，与现代性的产生是一致的，它既是对现代性及其后果的理解和阐释，又是现代性发展的后果和原因[1]。西方社会学理论是对旧式现代性理念的理解和阐释，充满了西方中心主义、人类主体主义、二元对立等品质。中国特色社会学理论应该以新型现代性为研究起点和核心，克服传统社会学理论中的迷思与偏见，为世界社会学体系提供一条全新的诠释途径。

（五）本土化与理论自觉

1997年，费孝通在北京大学社会学人类学研究所举办的研讨会上首次提出"文化自觉"。文化自觉是指生活在一定文化中的人对其文化有"自知之明"，明白它的来历、形成的过程、所具有的特色和它发展的趋向，不带任何"文化回归"的意思。不是要"复旧"，同时也不主张"全盘西化"或"全盘他化"。自知之明是为了加强对文化转型的自主能力，取得决定适应新环境、新时代文化选择的自主地位[2]。

在当前全球化背景下，文化自觉既是中华民族与世界上其他民族之间的共处之道，也是中国社会内部多民族、多种文化之间的共生之道。对于中华民族来说，做到文化自觉，既不要妄自菲薄，也不妄自骄矜；既拒斥"文化霸权主义"，也反对"我族中心主义"。就是要秉承"和而不同"的立场处理好不同文化、不同民族、不同国家之间的相互关系[3]。费孝通说，他本人对"文化自觉"的思考、研究和倡导虽然直到20世纪末期才频繁发表，但思想的来源，可以追溯的历史相当长了。"我在提出'文化自觉'时，并非从东西文化的比较中，看到中国文化有什么危机，而是对少数民族的实地研究

[1] 文军．逻辑起点与核心主题：现代性议题与社会学理论的研究[J]．华东师范大学学报，2002，34（5）：73-80.

[2] 费孝通．论人类学与文化自觉[M]．北京：华夏出版社，2004：188.

[3] 苏国勋．社会学与文化自觉——学习费孝通"文化自觉"概念的一些体会[J]．社会学研究，2006（2）：1-12.

中首先接触到了这个问题。”❶

2009年，郑杭生先生正式提出理论自觉的概念。他指出理论自觉是在文化自觉基础上提出来的，理论是从属于文化的次级概念。理论自觉既与文化自觉之间有着传承关系，但又不完全等同于文化自觉，是文化自觉在社会学领域的特殊表现。社会学的理论自觉其核心就是要对中国社会学自身以及古今中西关系进行不断的反思。这种反思有助于提升中国社会学的理论水平，也有助于我们更好地理解古今中外不同理论之间的关系。❷

反思是理论自觉的起点。“反思实际上是文化自觉的尝试。”❸这一点，费孝通和郑杭生的认识是一致的。在当今时代，对于中国文化的重建和中国社会学本土化理论的建构过程中，一方面，我们要反思西方文化和产生于西方本土的欧美社会学理论，即既不能照搬照抄，亦不能全盘否定，而应该理性批判；另一方面，对于我们自己的传统文化和产生于中国本土的社会理论也要理性反思，去除其糟粕，批判其不合理成分，但同时更应该继承和弘扬优秀的文化成果与丰富的社会思想，自尊自信地肯定自己的研究成果，坚决克服那种“我们中国人处处都不如人”“别人的理论就是理论，我们的理论不是理论”的边陲思维和自卑心态。

理论自觉在重建边陲地区社会学理论方面具有重大指导意义，同时，也适合于西方社会学界对自身理论的反思。在学术史上，由于西方学术传统长期以来居于垄断地位，这种长期处于优势地位的心态使得他们不免以有些傲慢的态度看待“落后”地区，同时也使得他们丧失了反思和检视自己学术传统的能力。而这个缺欠往往会使得他们看不到自己优势文化传统背后可能存在的“盲点”，这容易导致他们产生后天性的“色盲”，看不到“边陲地区”文化的优点和潜藏在这些优点背后的优势。因此，西方学术界亦应该进行“理论自觉”，做到“自知之明”。因为西方社会学理论是建立在工

❶ 费孝通．论人类学与文化自觉[M]．北京：华夏出版社，2004：193.

❷ 郑杭生．促进中国社会学的理论自觉[J]．新华文摘，2009(24)：17-20.

❸ 费孝通．论人类学与文化自觉[M]．北京：华夏出版社，2004：185.

业化、西式现代化的基础之上的。这种以“征服自然、二元对立”为基本价值观基础上建立起来的西方社会学理论已经越来越暴露出其弊端和诟病。西方的一些学者也逐渐意识到了这样的困境,开始逐步进行自身的反思。所以说,在当今时代,不管是“中心地区”还是“边陲地区”都要谨慎地进行学术反思和理论自觉。理论自觉不仅是中国社会学推进本土化的途径,也是西方社会学维持其学术繁荣的不二选择。

第三节　研究方案

一、研究思路

本研究旨在通过对中国社会学本土化历程的梳理,回顾社会学自传入中国以来,所经历的发展、创新、停滞、恢复重建以及逐步繁荣的不同阶段,揭示和阐释中国社会学从一开始比较注重实用到逐步倾向于实证研究的原因与结果。

新中国成立后,中国社会学经历了曲折的历程。自从恢复重建以来,中国社会学逐步走向繁荣,但在此过程中,依然存在一些急需解决的问题。一方面,以欧美社会学为“中心”与非欧美地区为“边陲”的世界社会学格局依然存在;另一方面,随着中国社会学事业的逐步发展,在国内也在慢慢形成新的“中心”和“边陲”,这种局面直接影响了社会学研究和教学,不利于中国社会学的发展和繁荣。

在中国社会学迎来百年之际,以郑杭生为核心的社会运行学派立足中国现实,放眼国际前沿,适时地提出了社会学的“理论自觉”。理论自觉既是一种学术活动,同时也是一种学术态度,它是中国社会学本土化理论建构的途径和方法,也是处理中国社会学与欧美社会学关系的基本心态。理论自觉的含义、目标和使命我们基本都已明白,但学界对于理论自觉的重要性在认识上似乎还不够。

本书中,研究将重点从以下几个方面展开。

(1)通过对国内外相关文献的分析,系统、全面地梳理中国社会学本土化的历程,讨论当前中国社会学的基本特点和进行本土化的理由,从深层次论证其合理性和必要性,探讨中国社会学本土化的手段和条件。

(2)阐述理论自觉的承继关系,指出理论自觉在处理西方社会科学与中国社会科学关系中的价值和意义,重点讨论理论自觉在中国社会学本土化历程中的重要价值。

(3)指出理论自觉是中国社会学本土化的主要手段,也是世界社会学繁荣的重要途径,中国特色社会学壮大的目的不是抗衡西方社会学,恰恰相反,世界各地社会学的发展壮大是世界社会学繁荣的表现,真正形成"美美与共"的理想格局。

通过本研究,将主要解决以下问题。

(1)认识到中国社会学本土化的必要性和合理性。

(2)初步探索中国社会学取消期的研究状况。

(3)提升"理论自觉"的学术价值,论证其虽然产生于本土化过程中,但对世界社会学的整体反思依然具有指导意义。

二、研究方法

社会研究的方法论所涉及的主要是社会研究过程的逻辑和研究的哲学基础。有人对20世纪60年代以来的科学研究做了一次重新评估,认为研究社会科学的不同取向是从许多特定的争论中提取的核心思想。在社会学理论研究上,从一开始就有三种截然不同的研究取向,这三种研究取向是实证主义、人文主义和批判主义。大部分现行的社会科学研究都是建立在前两个研究取向之上的。实证主义是最古老、最广为使用的研究取向,诠释研究取向也逐渐深入人心,得到加强,但批判的研究取向在学术期刊上并不常见。批判的社会科学提供方法论意义的第三种选择，这个研究取向的版本被称为辩证唯物主义、阶级分析和结构主义。批判的研究取向同意诠释研究取向对实证主义的批评，但它又加上一些自己的批评，而且在某些地方，它也不同意诠释的社会科学的主张，这个研究取向最早可追溯到马克思。在社会科学研究中，这三种方法论并不是有着严格的界限，只是某项研究偏向于哪种取向而已。在本书中，对于方法论层面主要从批判主义（解放）的视角出发，通过对学术史的梳理，反思批判中国社会学对待西学（欧美社会学）的态度与实践偏差，并兼论当代中国社会学如何理解西方社会学与中国传统社会思想。

本书应该是一项探索性与解释性并举的研究。解释性研究是建立在探索性研究和描述性研究的基础之上，进而找出事情发生的原因。除了把焦点集中放在某个主题之上、呈现该主题的完整图像之外，解释性研究致力于寻求原因和理由。本书将主要是通过对中国社会学本土化历程的梳理，在前人研究成果的基础上，寻求形成中国社会学经过百年发展依然存有“边陲思维”的深层原因，在此基础上，提出建构中国特色社会学理论的必备条件和现实要求，进而将“理论自觉”的学术边界从国内扩展到西方世界，此研究有助于详细阐述并丰富社会运行学派的学科本土论。

历史比较研究是本研究另一个主要方法，该研究方法以检验过去某段历史时期或是不同文化之下的社会层面为主。使用这种技术的研究就必须集中探讨历史上某段或几段时期，或试比较一种或多种文化，或同时探究历史时期与文化因素。历史比较研究的特点与本研究的重点不谋而合，本书将通过对中国社会学本土化不同阶段和时期的考察，探求中国社会学从实用走向实证，进而占据主导地位的过程中，文化因素所起的作用在哪里、有多大，揭示和阐释长期以来中国社会学缺乏培养建立独立反省与批判意识和能力的客观条件。

文献研究是主要利用第二手资料进行分析的研究，具有明显的间接性、无干扰性和无反应性。本书在主要借鉴前人研究成果的同时，还将尽量搜集相关的书籍、报纸、主要当事人的随笔、日记、照片等资料进行分析。

三、特色及创新之处

本书的特色和创新性主要体现在以下几个方面。

(1)研究视角的创新。孔德认为,在人类历史中,知识(实际上是西欧的知识)的发展大致是神学、形而上学、科学(实证)三阶段。对社会的研究,发展到了实证社会学的阶段,便代表着人类知识的一种进步。他认为,真正科学的社会学乃是以实验比较的实证方式来研究人类社会。这种由外研究自然转而向内研究人与社会被当成一种进步的运动,而且这种转移也被认为使得诸科学间具有逻辑关系。上述观点被西方学者发展完善后,很快便传播到了世界各地。19世纪后的中国普遍具有国家集体危机意识,社会学在中国恢复重建后,又存在广泛的国家建设意识。这两个时期中国社会学虽然表现出不同的特点,但中国社会学家具有一个共同的心愿,那就是富国富民。正是在这种富国富民意识的支配下,实证主义(有时候表现为实用主义)社会学在中国大行其道,曾长期占据主导地位,至今仍未改变。自然科学范式的实证主义社会学长期居于统治地位,使得中国社会学家逐渐丧失了对西方理论的反思、批判的意愿和能力,严重阻碍了建构中国特色的社会学理论的进程。自恢复重建以来,具有学术责任的社会学家已经意识到了这一点,并倡导扩展社会学的研究界限,对人文主义与实证主义研究取向同样重视,恢复社会学人文性。诚然,用人文主义作为批判实证主义的工具是无可厚非的,也是普遍采用的手段。然而,要确立社会学研究的多元性,就要以广阔的胸怀接纳多重研究取向,国内对于人文主义研究取向逐渐熟识,但对批判主义的研究取向仍未重视。以中国西方社会学理论的教材为例,很少有将起源于马克思的批判主义取向作为经典的研究传统,也很少引进马克思主义社会学。本书在研究视角上,不局限于前人的视角，而适当地以批判主义视角对中国社会学本土化的建设提出阐释和思考。

（2）观点的创新。本书的核心观点是“理论自觉”这一学术活动和学术态度，不仅适应处于“边陲地区”的“落后社会学”的建设和繁荣，同样也是处于“中心地区”的“先进社会学”维持其繁荣的有效手段。社会学的本土化绝非是要再建立一个中心来抗衡或者打倒以前那个中心，本土化不是为了确立新的中心，而正好相反是为了“去中心化”。通过边陲地区的理论自觉而提升其学术话语权和学术主体性。当然在此过程中，我们也并不希望西方社会学萎缩，我们也希望西方社会学不断地反思自身，借鉴和重视“落后地区”的优点和优势，最终达到社会学的真正全球化和全面繁荣。因此，社会学本土化绝非区域化，而是涉及世界社会学的发展、具有全球影响的世界社会学运动。

（3）学科发展史阶段划分的拓展。长期以来，大家习惯于将中国社会学的发展划分为移植引进、发展壮大、取消停滞、恢复重建四个阶段，鲜有突破或者提出新的认识，即使有也是不同的表达方式而已，其实质并未发生改变。笔者认为，在现有阶段划分基础上，随着中国社会的快速转型与巨大变迁，中国社会学已经进入理论自觉阶段，并且已经创立本土的社会学理论体系，这个阶段的历史使命与恢复重建初期已经完全不同，中国社会学的自主性与创造力明显增强。自理论自觉提出以来，中国社会学开始进入到“理论综合”阶段，这是中国社会学全新时代的来临。对于该阶段的提出在国内还是首次。

四、核心概念

（一）理论自觉

郑杭生教授于2009年正式提出“理论自觉”的概念。他认为，与“文化”

这个大概念相比，“理论”是一个小概念、次级概念。理论从属于文化，同时又是对文化的某种提炼和提升。因此，“理论自觉”是“文化自觉”的一种形式，特别是一种与各门学科及其成熟度有关的形式。社会学的“理论自觉”，则是“文化自觉”在社会学这一门学科中的特殊表现。在此，郑杭生教授肯定了理论自觉与文化自觉之间的传承关系，但同时又指出，理论自觉是文化自觉在社会学学科中的特殊表现。理论自觉源于文化自觉，但又是对文化自觉的提炼和提升。它是“指从事社会学教学研究的人对其所教学和研究的社会学理论有‘自知之明’，即要明白它们的来历、形成过程、所具有的特色和它的发展趋向，分清楚哪些是我们创造的，哪些是汲取西方的。也就是说，中国社会学‘理论自觉’的含义也应该包括对自身理论和他人理论的反思，对自身的反思往往有助于理解中外不同理论之间的关系”[1]。

理论自觉要求社会学者对其所从事的工作要明白它的来历、形成过程等，据此，我们有必要对“理论自觉”概念做出梳理和深刻认知，这有助于我们把握其真实内涵及其精要本质。对于理论自觉的认识，首先应该明白“自觉”的含义。自觉最直接的意思就是自我感知、自我觉察、自我觉醒。从感知到觉察，再到觉醒实际上是自觉程度逐渐提升的表现。哲学意义上的自觉是指内在表现为自我发现，外在表现为创新的自我解放意识。人的内在生命本身具有意识本体与物质本体的矛盾，其构成人的内在本质，在与外在物质世界的矛盾过程中发展自我本体，是创造自我的基本规律。在这个层面上，自觉本身包含了一种自我解放的取向，并且具备掌握自身发展规律的能力。与自觉对应的概念是自发，自发是指人们未认识、未掌握客观规律时的一种活动，在活动过程中，受客观必然过程支配，往往不能预见其活动的后果。社会学的“理论自觉”是指社会学者对社会学的自我认知，在此过程中逐渐使得社会学逐渐自主、独立、自强的学术活动。因此，本书所指的“理论自觉”主要包含以下四层意思：第一，强调社会学的自主

[1] 郑杭生．促进中国社会学的理论自觉[J]．新华文摘，2009(24)：17-20.

性。这种强调社会学独立性的自觉意识在社会学创立初期就已经具备，比如孔德竭力主张社会学不同于哲学，就是这种自觉意识的表现，那么体现在当代中国社会学中则为中国社会学是不同于欧美社会学，其具备独立的自主性，不是西方社会学的中国版，也不是由中国材料堆砌起来的西方社会学。第二，强调中国社会学的自信心。中国社会学经过百余年的发展，已展现出其自身的特色和发展规律，也逐渐形成自己的社会学理论体系和学派，对于中国社会学的壮大现实我们必须予以承认与重视，不能熟视无睹，茫然漠视自己所取得的成就，也不能谨小慎微，胆小自卑，不敢承认自己的成果。第三，理论自觉就是要求从事社会学研究的人应该具备一种解放视野和胸襟。社会学的知识本身就具有意识启蒙的作用，它往往成为一股实际的社会力量来引导变迁。长期以来，中西社会学之间不平等的“统制”格局业已形成，但这并不意味着就无法改变，“边陲”地区的社会学者应该自觉意识到这种不利的互动关系，并且应该具备改变这种格局的勇气和能力。第四，理论自觉是成熟社会学维持其繁荣局面、保持其持续发展的动力。西方欧美强势社会学也应该不断地进行自觉反思，认可“弱势”地区的社会学成果，因为这些地区往往具有欧美地区所不具备的优势和“亮点”，强势社会学如果长期无视“边陲”地区取得的进步，用一种骄傲自满的心态对待这些地区的社会学，那么其优势地位的保持不会持久，因为任何一种僵化、封闭的学科体系其前景都是黯淡的。

本书中所指的理论自觉是指中国社会学的理论自觉。理论是指社会学理论，自觉是指对社会学理论的自觉认知、反思和觉悟，体现了一种主动性。这个自觉的对象中既包括中国社会学理论，也包括西方社会学理论，因此，中国社会学的理论是具有开放性的。在这个学术活动中，社会学理论是理论自觉的本体，广大中国社会学工作者是自觉的实践主体，深具中国特色的马克思主义社会学是理论自觉的实现目标，中国社会学的本土化进程是理论自觉的现实基础与历史背景。

郑杭生教授指出，随着中国综合国力的增强、国际地位的提高，以及社会建设、社会管理实践和研究的全面展开，中国社会学的学科地位有了极大提高，社会学界的学术自信心也大为增强。不过，中国社会学在如何更好地为社会建设和社会管理服务，如何提升自身的地位等方面，还面临着许多挑战。当前，中国社会学要有正确认识自己、正确认识别人、正确处理与欧美社会学关系的“理论自觉”，要自觉致力于创建世界眼光和中国气派兼具的中国社会学，而不是西方社会学某种理论的中国版。中国社会学要充分利用中国社会历史性变迁的巨大舞台和现实性宝贵资源，提炼和创造自己的概念、命题和理论，形成自己的学术话语，为世界社会学增添中国社会学者自己的创造，而不是在西方社会学理论或社会理论的笼子里跳舞，使自己的理论研究或经验研究成为西方社会学理论或社会理论的案例和验证。

(二)社会学本土化

社会学本土化是一种使外来社会学的合理成分与本土社会的实际相结合，增进社会学对本土社会的认识和在本土社会的应用，形成具有本土特色的社会学理论、方法的学术活动和学术取向。

社会学的本土化包括两个相互关联的方面:一是社会知识的政治经济学方面，即本体论;二是社会知识的逻辑学方面，即认识论与方法论。第一个方面涉及社会知识的民族化或中国化(民族认同)问题;第二个方面则涉及社会知识形成的认识论和方法论问题[1]。

社会学本土化基本目的概括起来有四点:①增进社会学对本土社会的认识。②增进社会学在本土社会的应用。③形成具有本土特色的社会学方法。④形成具有本土特色的社会学理论。根据社会学本土化的展开方式，社会学本土化可分为“运动型”和“非运动型”两类。依据社会学本土化的发生地，可将社会学本土化划分为中国化、拉美化、印度化、菲律宾化、加拿大化、日本化、美国化等。依据社会学本土化成果的形态，可大体将社会

[1] 王宁. 社会学的本土化:问题与出路[J]. 社会，2006，26(6).

学本土化划分为理论问题研究型、本土社会认识型、本土社会问题解决型以及修正—创新型四大类型。❶

本土化概念以前更多地在经济学领域使用，是指跨国公司的海外子公司在进入到“东道国”后要主动地适应当地的政治、经济、文化等环境，有意淡化“母国”色彩，使其真正成为当地的公司。因此，本土化是伴随着经济全球化、一体化而出现的潮流，它们之间是相辅相成的，离开全球化就无从谈起本土化。同样的道理，不讲本土化的全球化是空洞的、没有吸引力的。

本书所指的社会学的本土化是指社会学理论在从欧美地区传播到中国后为了适应中国社会而发生的相应的改变和创新。据此，西方社会学为了增强其生命力也应该主动去适应当地的社会生活环境，而做出相应的改变。由于社会学本身兼具科学性和价值色彩，其科学性往往掩盖了其价值立场，使人们难以觉察隐藏其中的“欧美中心主义”理念。因此，就需要传入国的知识分子能够分辨其“真假伪劣”，借鉴其有用成分，反思批判其不合理的成分。美国社会学在其本土化历程中有着天然的优势，一方面，引进欧洲社会学的美国社会学家一开始就深具自觉意识，没有完全照搬欧洲的“罐装社会学”，而是将其改进和完善。例如，社会学虽然是在欧洲诞生的，但世界上第一个社会学系却是在美国的芝加哥大学首先成立的，这是美国社会学者自觉意识的表现。另一方面，由于欧洲发生了两次世界大战，导致社会学中心从欧洲转移到了美国。战争期间，大量欧洲人移民到美国，其中不乏知识界的精英，比如索罗金、舒茨、科塞、阿多诺、弗罗姆、马尔库塞等曾到美国定居和讲学，这些人深受欧洲文化的熏陶，具有广博的学识，来到美国后对美国社会学的发展做出了杰出的贡献。然而，这些学者并没有将欧洲社会学照搬到美国，而是根据美国的具体国情，大胆创新了自己的研究方法，形成了独具特色的学科体系，取得了巨大的成功。中国社会学的本土化没有这样的机遇和天然的优势，只有依靠中国社会学家

❶ 郑杭生. 社会学本土化及其在中国的表现——中国特色社会学理论探索的梳理和回顾之三[J]. 广西民族学院学报：哲学社会科学版，2004，26(1)：144-154.

勤勤恳恳、不懈努力去实现其自身的发展和壮大。在没有外力的推动下，就只有依靠自身的自觉了，因此，理论自觉是中国社会学发展壮大的唯一途径，也是其走向世界的不二选择。

第二章 早期中国社会学对本土化的贡献

从学科史的角度来考察，中国社会学史就是一部社会学中国化的历史，也即中国社会学本土化的历史。19世纪末20世纪初，社会学自西方传入中国。20世纪上半叶，中国社会学者专注于重大问题或专门领域的研究。这些问题或领域是社会学研究所需要做的基础工作，同时，它们也都是中国社会当时所面临的基本问题。"因此，社会学者的工作，一方面是在理论上增进知识，推动社会学学科的建设；另一方面是应时代要求，探讨中国社会问题，并寻求解决之道。"❶

20世纪20—40年代，随着中国社会学的逐步发展和壮大，社会学者逐渐意识到中国社会学缺少自主性的独立意识，对于欧美社会学（尤其是美国社会学）的过度依赖已经开始阻碍中国社会学的发展。社会学中国化的呼声越来越高。1925年8月《社会学杂志》因经费不足停刊（第一次）后，由燕京大学社会学系主任许仕廉主持，以该系社会学会名义创办《社会学界》年刊，1927年6月该年刊出版了第一卷。《社会学界》第一卷第一篇发表的是梁启超的论文《社会学在中国方面的几个重要问题研究举例》。梁启超在这篇论文中着重论述了发掘本国材料对于社会学研究的重要性，并把它上升到责任高度加以认识："学问本无国界，不能说，那是欧洲的社会学，这是中国的社会学，这样的分别一定说不通。不过原理虽无国界，资料却有分

❶ 阎明. 中国社会学史——一门学科与一个时代[M]. 北京：清华大学出版社，2010：60.

别，无论哪个国家，哪个民族，哪种学问，都有他独立的资料；为他国家他民族所无。根据某种学科，已经发明的原则，证以本国重新搜集的资料；或者令原则的正确度加增，或者遇必要时加以修正，甚至完全改造。这种情形各国皆有，所贵在有学者去研究他，把结果公诸世界，各人研究自己的资料和问题，这是一个国家一个民族对于人类文化的贡献，亦即他们对于人类文化的责任。”[1][2]梁启超在以上论述中虽然没有明确提出“社会学中国化”的口号，但有关思想表露无遗。中国早期社会学综合学派代表文物孙本文在1930年2月中国社会学社成立之时明确提出，把“建设一种中国化的社会学”作为自己的目标；其本人也清楚地意识到，“采用欧美社会学上之方法，根据欧美社会学家精密有效的学理，整理中国固有的社会思想和社会制度，并根据全国社会学实际状况，综合而成有系统有组织的中国化社会学”，是中国社会学界“今后之急务”。[3]中国早期社会学中国学派——社区学派的代表文物吴文藻在总结中国社会学前40年的发展中指出：“社会学诞生于中国，将近40年……始而由外人用外国文字介绍，例证多用外国材料。继而由国人用外国文字讲述，有多讲外国材料者……当此期间，社会学在知识文化的市场上，仍不脱为一种变相的舶来品……我们的立场是：以试用假设始，以实地证验终。理论符合事实，事实启发理论，必须理论与事实糅合一起，获得一种新综合，而后现实的社会学才能根植于中国土壤之上，又必须有此眼光训练出来的独立的科学人才，来进行独立的科学研究，社会学才算彻底的中国化。”[4]

20世纪20年代末以前，中国社会学界以译述西方社会学著作为主，社会学处在成长时期，“全国社会学者正在努力建筑社会学的基础，还说不上有什么派别”[5]。这种状况至20世纪30年代后始有改变，“这一时期中国社

❶ 梁启超．社会学在中国方面的几个重要问题研究举例[J]．社会学界，1927，1：6.
❷ 郑杭生，李迎生．中国社会学史新编[M]．北京：高等教育出版社，2000：84.
❸ 孙本文．当代中国社会学[M]．北京：商务印书馆，2011：298.
❹ 吴文藻．论社会学中国化[M]．北京：商务印书馆，2010：3-5.
❺ 孙本文．当代中国社会学[M]．北京：商务印书馆，2011：251.

会学界在译述西方社会学著作的同时，就理论社会学而言，学者们注重形成自己的见解去解释说明社会现象，创立独特学说体系”[1]。1949年以前，中国社会学主要形成了两个大的流派，即马克思主义社会学派或“新社会学”派，以及与之对应的欧美社会学派或西方社会学派。燕京大学社会学系教授赵承信发表于天津《益世报》上的《中国社会学的两大流派》一文，将中国早期社会学划分为两大主流：一为文化学派，一为辩证唯物论派[2][3]。西方社会学流派主要有：把社会看作一个整体，认为社会现象具有非常复杂的性质，必须从多方面进行综合研究的综合学派；以认识中国现实社会为宗旨，运用社会学、人类学的理论与方法做了大量的社区实地研究，并以此为基础对中国社会结构及其变迁进行理论探索的社区学派；注重乡村建设事业的乡村建设学派。

第一节　综合学派在中国社会学本土化问题上的贡献

综合学派是中国早期社会学中的一个重要流派，是学院派社会学的主流，在中国早期社会学中居正统地位。综合学派的社会学探索代表了中国早期社会学理论研究的最高成就，其影响甚至延续到中国社会学恢复与重建以后。综合学派的主要代表人物有孙本文、朱亦松、柯象峰、龙冠海、高达观、吴文藻、蒋旨昂、简冠三等。郑杭生在1999年提出，作为综合学派集大成者的孙本文对社会学的中国化做了理论与实践方面的探索，为创建一种中国化的社会学体系做出了巨大贡献。

---

[1] 郑杭生，李迎生．中国社会学史新编[M]．北京：高等教育出版社，2000：87.

[2] 赵承信．中国社会学两大流派[N]．益世报，1948-01-22.

[3] 郑杭生，李迎生．中国社会学史新编[M]．北京：高等教育出版社，2000：151.

一、孙本文对社会学中国化议题的提出

社会学是一门从西方传入中国的学科，其在中国开创之初就深受西方社会学的影响。20世纪20年代以前，中国社会学者主要致力于建设中国社会学的基础，“社会学中国化”问题未被明确提出。从20世纪20年代末开始，特别是三四十年代，在社会学学科化不断加深的过程中，中国最早一批社会学者逐渐意识到了构建符合中国本土实际的社会学的重要性。从他们的经历来看，他们尽管接受了欧美系统的学术训练，但绝不盲从。面对社会学中国化的重大问题，以孙本文为代表的综合学派以自己的方式做出了回答。

1930年2月中国社会学社成立之时在孙本文的指导下明确提出：“把建设一种中国化的社会学”作为目标。在1931年2月中国社会学社第二次年会上，孙本文使用了“社会学中国化”的概念。虽然社会学本土化、中国化的倾向一直存在于中国社会学者的研究活动中，包括梁启超也曾有此思想倾向，但如此正式地、明确地提出“社会学中国化”这一命题的始自孙本文。自此以后，中国化作为一场学术运动迅速开展起来，为中国社会学发展史增添了新的内涵[1]。此后的10多年里，中国社会学正式步入了本土化运动时期，而孙本文也对这场轰轰烈烈的运动贡献了不菲之力[2]。

二、孙本文对理论社会学中国化的探索

孙本文对社会学中国化理论探索的贡献主要体现在三个方面：整理中国固有的社会史料；实地研究中国社会的特征；系统编辑社会学基本用书。

（一）整理中国固有的社会史料

新中国成立以前的中国社会学界，已有一些学者注意到了中国社会思

❶ 陈新华．留美生与中国社会学[M]．天津：南开大学出版社，2009：117.

❷ 文军，王琰．论孙本文与社会学的中国化[J]．哈尔滨工业大学学报：社会科学版，2012(5)：37-43.

想史研究的重要性,并付出了有益的努力。如孙本文先生在他所著《社会学原理》一书中即指出:“中国社会思想,为研究中国社会学者必须研究之材料。”20世纪40年代中期,孙本文发表了一篇名为《五十年来的中国社会学》的论文,又于1948年出版《当代中国社会学》中国社会思想史资料选辑一书,均提出了关于中国社会学学科建设的建议。作为当时中国社会学界最杰出的学者之一,他的这个建议可以代表当时中国社会学界对“今后应从事的工作”(孙本文语)的一个蓝图。这个蓝图分为两个方面,第一是“中国理论社会学的建立”,第二是“中国应用社会学的建立”。在第一个方面中提出三项工作,他说:“今后社会学者应致力于中国化的社会学之建立,其重要工作有三:第一,整理中国固有的社会史料……第二,实地研究中国社会的性质……第三,系统编辑社会学基本用书……”在其所说的第一项重要工作,即“整理中国固有的社会史料”一项中,又开列出五项具体工作目标,孙本文先生说,其中的第一、二项具体工作为:①关于社会学说者。凡古人对于社会生活或社会问题的各种思想,均应加以搜集与整理,依历代顺序,编成有系统的中国社会思想史。②关于社会理想者。古今贤哲发表有关社会组织及社会生活的各种理想与计划,亦应加以搜集与整理,编成一部中国社会理想史。也就是说,在这个中国社会学发展规划中,孙本文先生是把“中国社会思想史”与“中国社会理想史”作为“中国理论社会学的建立”中最重要的任务提出来的。由此可知,中国第一代社会学家把中国社会思想史研究放到了何等重要的地位;也由此可知,直到新中国成立前夕的1948年,社会学界关于中国社会思想史的研究仍在起步阶段,尚无较有分量的成果问世[1]。

(二)实地研究中国社会的特征

孙本文除整理历史材料以供研究中国社会的特性外,他主张还应“从多方面对现实社会作详尽精确的调查与研究,借以彻底了解中国社会的本

[1] 陆学艺,王处辉. 中国社会思想史资料选辑:民国卷[M]. 南宁:广西人民出版社,2007.

质。故今后应就各地重要区域，从事于有计划的都市与农村调查，编成各种调查研究报告，以供各方参考”[1]。

（三）系统编辑社会学基本用书

孙本文在《五十年来的中国社会学》一文中写道：“我国社会学虽已有四十余年的历史，但有关社会学理论与应用方面比较充实而完善的书籍，尚属无多。且有若干部门尚无一足供大学教本之用者，例如：西洋社会思想史、中国社会思想史、近代社会学理论、中国社会发展史、社会制度、民族学，都市社会学、社会学研究方法、社会行政、社会政策、社会立法、近代社会运动等部门，除有少数译本外，尚无国人自著适当的参考用书，故编著基本用书，实为急要之图。”[2]孙本文对于当时中国缺少自著的社会学教材与著作深感焦虑，而个人力量尚不足以在一两年内完成一部较长的著作，因此他邀请吴景超、游嘉德、黄凌霜、杨开道、寿勉成、李剑华、潘菽、黄国璋、吴泽霖9位著名学者共同编著“社会学丛书”。该套丛书共15种，于民国十八年（1929年）至民国十九年（1930年）分两年由世界书局出全。该丛书全目依出版先后顺序如下：《社会学的领域》（孙本文著）、《社会的文化基础》（孙本文著）、《社会的心理基础》（潘菽著）、《社会的经济基础》（寿勉成著）、《社会的生物基础》（吴景超著）、《社会的地理基础》（黄国璋著）、《社会组织》（吴景超著）、《社会变迁》（孙本文著）、《社会进化》（黄凌霜著）、《社会约制》（吴泽霖著）、《农村社会学》（杨开道著）、《都市社会学》（吴景超著）、《社会学史纲》（李剑华著）、《社会研究方法》（杨开道著）、《人类起源》（游嘉德著）[3]。据不完全统计，孙本文共出版普通社会学著作25种，主编著作5部，发表学术论文近80篇；另外，他还翻译了14种世界社会学名著，其中译自美国的6种，英国的2种，法国的1种，日本的5种。韩明谟在1987年提出，孙本文是新中国成立前中国社会学界最有影响、著书最多的社会学者。在

---

[1] 孙本文. 当代中国社会学[M]. 北京：商务印书馆，2011：297.

[2] 孙本文. 当代中国社会学[M]. 北京：商务印书馆，2011：297-298.

[3] 孙本文. 当代中国社会学[M]. 北京：商务印书馆，2011：37.

当时的中国，战乱纷争不休，学者长年颠沛流离，研究工作条件异常艰苦，要取得如此丰厚的学术成果，需要付出的代价远非现在的人们所能想象。他在自传中写道："我是以社会学为专攻的学问，而以教育为我终生的事业。"[1]他那种身为社会学教师和研究者的自豪之感溢于言表，至今仍然让人感慨颇多。

三、孙本文对应用社会学中国化的探索

在指出中国理论社会学的建设方向后，孙本文紧接着提出了建立中国应用社会学的构想。"除理论社会学的研究外，同时应即从事建设一种适合中国国情的应用社会学。"他指出主要从三个方面着手。

（一）详细研究中国社会问题

"以往中国社会学文集中，以社会问题一类为最多。但此类书籍大都讨论西洋社会问题，其专论本国问题者甚少。今后全国社会学者宜各就所长，对各种范围较小的问题，分别作详尽的研究，以期彻底了解本国社会问题的特质及其可能解决的途径。"[2]为此，孙本文对当时政府和民众面临的主要社会问题如家族问题、人口问题、农村问题、劳资问题都进行了深入研究，并取得了一系列研究成果。1927年，孙本文著《社会问题》一小册，仅84页，略论社会问题的性质及家庭问题；1928年，复著《人口论ABC》一书，论及中外人口问题；1935年，又著《社会问题》一册，系正中书局"高中公民"第一册；1939年，又著《中国社会问题》一册，略论中国社会问题的起源及农村、劳工、人口诸问题；1942年，《现代中国社会问题》一书始出第一册，至1944年四册出全。1957年，他发表《八亿是我国最适宜的人口数量》一文，认为"如果中国人口增长太快太多，粮食等生活资料的供应以及人民的就

[1] 郑杭生．孙本文先生对早期中国社会学贡献的再认识[J]．华中师范大学学报：人文社会科学版，2013，52（1）：1-5.

[2] 孙本文．当代中国社会学[M]．北京：商务印书馆，2011：298.

业都可能发生问题”，“需要采取有计划地控制生育的办法”[1]，这是孙本文在结合多年人口问题研究的基础上对新中国人口问题的独特看法。孙本文对中国社会问题的研究并关注贯穿其早期社会学的始终，他认为：“近代中国社会所发生的种种社会变迁，直接起于西洋文化的输入，间接系受近代西洋社会变迁的影响。有了西洋社会的种种变迁，才产生西洋社会的特性文化；有了中西不断的接触，才产生中国社会的变迁与问题。”[2]

（二）加紧探讨中国社会事业与社会行政

孙本文在重视研究中国社会问题的同时，倡导社会学者加紧探讨中国社会事业与社会行政。“中国社会学者向来不重视社会事业与社会行政的研究，似不必讳言。自社会部成立后始引起一般社会学者的注意。今后宜有一部分社会学者专在此方面努力，借以研究中国社会事业与社会行政的实际状况及其可能发展途径。”[3]在孙本文的努力与倡导下，一批学者开始注重社会行政与社会事业的研究，学界的努力也得到了政府的认可。1940年，国民党政府成立社会部，需要大量社会事业与社会行政人才。引起国内社会学界的特殊注意，不仅大学课程里面增加了“社会事业”与“社会行政”科目，著作方面也逐渐增多。综合学派柯象峰的《社会救济》（正中书局，1944年）、蒋旨昂的《社会工作导论》（商务印书馆，1944年）等都是较引人注意的书目。

（三）切实研究中国社会建设方案

孙本文结合当时中国社会现实，大力提倡进行社会建设，并且对社会建设进行了深入分析研究。“今后全国社会学者应根据上述社会问题、社会事业与社会行政的材料，从社会组织、社会福利、社会服务及社会运动各方面，详细探讨当前及今后全国的需要，审慎拟定各种社会改革方案，藉供政

[1] 杨雅彬．中国社会学史[M]．济南：山东人民出版社，1984：220-226.
[2] 孙本文．现代中国社会问题：第一册[M]．北京：商务印书馆，1942：29.
[3] 孙本文．当代中国社会学[M]．北京：商务印书馆，2011：298.

府参考。”[1]孙本文身体力行，在再版过11次的《社会学原理》一书中单辟“社会建设与社会指导”一节对社会建设问题进行讨论，撰写关于“社会建设”的专题文章，1943年主持以“战后社会建设问题”为会议主题的中国社会学社年会，1944年联合中国社会学社和社会部合办《社会建设》月刊。另外，他还具体研究了中国社会建设的具体方案，认为社会学者应当从社会组织、社会福利、社会服务及社会运动方面，详细探讨当前及今后全国的需要，拟定各种改革方案。所有这些在当时都产生了很大的社会影响，让政府与民众认识社会学存在的必要性和重要性。其中的一些观点甚至对于今天的社会建设都有较强的借鉴意义[2]。

四、孙本文对社会学学科中国化的贡献

孙本文认为创建一种完全中国化的社会学体系不仅仅要从理论社会学和应用社会学两方面着手，还应该大力培养本土的社会学人才，“中国社会学者大多集中于全国各大学社会学系，极少数分布于中央及各省市行政机关。近年因大学课程加多，社会事业发达，人才殊有缺乏之虞。今后一面尚应勉励年轻有志的社会学者赴国外深造，一面在国内各大学中人才设备比较充实的社会学系及社会学研究所中，培育年轻学者，使能各专一门，展其所长，以应全国迫切的需要。能如此，则中国社会学的前途，当有无限希望”[3]。其本人更是事必躬亲，率先垂范。在中央大学任教期间，孙本文主讲普通社会学、社会心理学、文化进化史、人口问题、中国社会变迁研究等多门主干课程。在教学过程中，孙本文尽量使用符合中国国情的自编教材，他认为：“外国教科书，原只适合于外国学生之用：严加选择，（尚不得已之办法，但危险却是很大）尚不易得相当之书；若再不加选择，任意采用，其

[1] 孙本文. 当代中国社会学[M]. 北京：商务印书馆，2011：298.

[2] 郑杭生. 孙本文先生对早期中国社会学贡献的再认识[J]. 华中师范大学学报：人文社会科学版，2013，52（1）：1–5.

[3] 孙本文. 当代中国社会学[M]. 北京：商务印书馆，2011：299.

影响于青年思想者当非浅酌。”鉴于这样缺少自编教材的现状，孙本文力邀9位著名学者共同编订了15种教材，于1929—1930年由世界书局出版。孙本文为了方便大学讲授，遂将丛书合编成《社会学大纲》一书，共90余万字，分订上、下两册，共计1652页，于1931年6月由世界书局出版。“此为中国社会学著作中篇幅最巨之书，出版后受社会学界欢迎。”❶

除此之外，孙本文还积极倡导创办社会学团体组织和社会学刊物。1928年冬，孙本文、吴泽霖、吴景超、游嘉德等一批在上海、南京各大学任职的社会学者，组织东南社会学会，出版《社会学刊》，并召开年会。此时会员共73人，其中普通会员48人、学生会员25人。之后不久，经北平社会学者杨开道、许仕廉等提议，着手组织全国性的专业组织。1930年2月8日上午9时，中国社会学社在上海四川路基督教青年会举行成立大会。到会者有多所大学的代表150多人。孙本文当选为正理事，许仕廉任副理事，吴景超任书记。蔡元培到会做了题为“社会学与民族学”的演讲❷。作为全国性的社会学学术团体，中国社会学社共举行过9届年会，产生过7届理事（第7届因战争故未选）。在7届理事名单中，除第6届外，孙本文都当选为理事，其中第1、2届为正理事，第3、4届为常务编辑委员，第8届为京沪区（南京、上海）负责人。《社会学刊》第一卷一至四期，由东南社会学会编辑，孙本人任编辑主任，自1930年第二卷第一期起，成为中国社会学社社刊，改由中国社会学社编辑，仍由孙本文任主编。

为推动中国社会学学科的发展与建设，孙本文呕心沥血。在他的代表作《社会学原理》的“附录二：社会学名词汉译表”中所列举的社会学专业名词达460个。至于翻译的人名部分，孙本文不仅参考各种百科全书和名人录，还专门咨询了欧美各家意见，对将近2000位学者进行筛选，最后列述434位社会学者的生卒年月、重要著作特点❸。在其另一部具有里程碑意义的著作《当代中国社会学》的“附录一”中，整理收录了315种中国社会学重

❶ 孙本文．当代中国社会学[M]：北京：商务印书馆，2011：38-39.

❷阎明．中国社会学史——一门学科与一个时代[M]．北京：清华大学出版社，2010：42.

❸ 韩明谟．中国社会学名家[M]．天津：天津人民出版社，2005：67.

要文献，并做了详细的分类，列举出书名、册数、译著者、原著者、出版年、出版处等，甚至详细到每本文献的章数和页数。在该书的“附录二”中统计了1947年12月之前各大学任职的社会学教授，共计143位，包括教授、副教授和讲师，详细列出了他们的姓名、籍贯、出身、任职学校等。

尽管孙本文在1949年前的20多年间，为建立中国化的社会学理论体系做出了自己的努力，他甚至也在《现代中国社会问题》（1942—1943年）一书中依据当时中国的社会实际深入讨论了家族、人口、农村和劳资等主要的社会问题，但毋庸置言，用今天的眼光来看，孙本文乃至20世纪上半叶整个学院派社会学家们“有关‘社会学中国化’的认识是肤浅的，所做的努力也是初步的”[1]。在《当代中国社会学》中，孙本文给出的社会学中国化的基本路径是：“充分收集并整理本国固有的社会资料，再根据欧美社会学家精审的理论创建一种完全中国化的社会体系。”[2]在这里，孙本文的中国化的社会学体系=欧美社会学家的理论+中国固有的社会资料。这种努力无异于费孝通后来批评的“用西洋传来的科学方法和已有的社会学理论去观察与分析中国现实”的旧模式[3]。其实也是郑杭生所说的在“西方人的笼子里跳舞”[4]。孙本文的社会学中国化设想所存在的问题，并不在于对中国现实的忽视，甚至也不在于对中国社会特点的忽视，而在于他一开始就等于假设，欧美社会学家的所谓的“精审理论”是“放之四海而皆准”的，因此我们可以不假思索地“拿来”解释中国社会的现实。“在这里，借用马克思的术语来讨论，‘批判的武器’本身是不需要经过‘武器的批判’的。”[5]

尽管如此，孙本文对中国社会学本土化的探索是值得我们后人钦佩的，他的精神是值得我们学习的。在当时的中国，战乱纷争不休，学者长年颠沛流离，研究工作条件异常艰苦，要统计如此庞大的文献资料与学者概

---

❶ 郑杭生，李迎生．中国早期社会学综合学派的集大成者[J]．江苏社会科学，1999（6）：155-164.

❷ 孙本文．当代中国社会学[M]．北京：商务印书馆，2011：298.

❸ 费孝通．中国社会学的成长[J]．社会学研究，1984（7）.

❹ 郑杭生.中国社会学不应在西方的笼子里跳舞[EB/OL].（2011-11-04）[2015-05-15].http://theory.people.com.cn/GB/40764/69100/69103/16139627.html.

❺ 周晓虹．孙本文与20世纪上半叶的中国社会学[J]．社会学研究，2012（3）：1-22.

况需要付出的代价远非现在的人们所能想象[1]。我们对他为社会学学科发展所付出的努力,不能不惊叹佩服。正因为如此,孙本文得以把西方社会学的知识介绍到中国读者面前,在中国的学术殿堂上竖起了社会学这面大旗,也完成了社会学中国化的前奏[2]。

第二节　社区学派在中国社会学本土化问题上的贡献

1949年以前,中国社会学者所奋斗的目标有三方面:一是社会学的本土化,也就是将源自西方的社会理论与方法,有效地运用到对中国问题的认识上;二是在研究中国社会变迁的过程中,找到一条连接传统与现代、融合东西方文化的道路;三是将研究中国社会所取得的成果,贡献于世界学术界[3]。自20世纪30年代中期始,在吴文藻的主持下,燕京大学社会学系的一批青年学者,以认识中国现实社会为宗旨,运用社会学、人类学的理论与方法作了大量的社区实地研究,并以此为基础对中国社会结构及其变迁进行了理论探索。

一、在教学实践中倡导社会学中国化

1928年,吴文藻的博士毕业论文《见于英国舆论与行动中的中国鸦片问题》得到了论文答辩委员会的一致通过和较高评价,次年夏,正式获得博士学位。1929年,吴文藻辗转回到日夜思念的祖国,回国后在燕京大学社会学系任教。吴文藻初回国时,中国的民族学与社会学基本上还处在模仿

---

❶ 郑杭生. 孙本文先生对早期中国社会学贡献的再认识[J]. 华中师范大学学报:人文社会科学版,2013,52(1):1-5.

❷ 文军,王琰. 论孙本文与社会学的中国化[J]. 哈尔滨工业大学学报:社会科学版,2012(5):37-43.

❸ 阎明. 中国社会学史——一门学科与一个时代[M]. 北京:清华大学出版社,2010:53.

或照搬西方模式的状态。20世纪20年代末期的时候，中国有不少大学已经开设了民族学与社会学课程，但基本上都是照搬西方模式，好多学校的教员和教材都是西方的，中国教员在教学过程中，也多是举例西方材料，很少运用中国材料进行讲解，把中国实际结合在教学研究中的情况更是少之又少。吴文藻回国任教后，对当时这种状况十分反感，他决定用自己的行动来改变这种状态。

吴文藻改变这种现状的行动首先体现在教学过程中。在燕京大学任教初期，他主要负责“人类学”“西洋社会思想史”“家族社会学”三门课的教学工作。这三门课原来都是脱离中国实际的英文本子，吴文藻上任后不久就对这三门课进行了改造。他不仅为每门课都编写了一本汉语教材，而且对其内容也进行了修改❶。吴文藻先生在改革教学的过程中，逐渐认识到当时的中国民族学与社会学必须进行大的改观，必须结合中国国情创造出一种具有中国特色的中国民族学与社会学，这就要求广大民族学与社会学工作者共同努力，采用新式教学和研究方法，于是他提出了民族学与社会学中国化的主张。

首先，他针对当时中国社会学与民族学的现状指出：“社会学诞生于中国，将近40年，而大学之开讲社会学，至多不过30年。始而由外人用外国文字介绍，例证多用外国材料。其次，由国人用外国文字讲述，有多讲外国材料者，但亦有人以一种特殊研究混作社会学者，例如，有以社会学为社会问题的研究者，亦有以社会学为唯物史观或辩证法研究者。要之，当此期间，社会学在知识文化的市场上，仍不脱为一种变相的舶来品。”❷在对当时社会学者不使用中国材料的“拿来主义”进行批评后，又指出了当时社会学界另一种错误的认识，即“科学即测量”。“近十年来，社会调查与社会统计的风气颇为流行；搜集事实及尊重事实的重要，逐渐被人认识，此本为科学进步极好的征象。不幸又有人误信‘科学即测量’者，甚至亦有误信‘在实

❶ 林耀华，陈永龄，王庆仁. 吴文藻传略[M]//吴文藻. 论社会学中国化. 北京：商务印书馆，2010：597.

❷ 吴文藻. 社会学丛刊总序[M]//吴文藻. 论社会学中国化. 北京：商务印书馆，2010：3.

地调查以前，脑中应只有一张白纸'，即为严守科学精神，殊不知一切科学工作的进行，事前必须悬有一种可以运用的假设。假设与科学绝不可分。我们的立场是：以试用假设始，以实地验证终。理论符合事实，事实启发理论，必须理论与事实糅合一起，获得一种新综合，而后现实的社会学才能根植于中国土壤之上，又必须有了本次眼光训练出来的独立的科学人才，来进行独立的科学研究，社会学才算彻底的中国化。"[1]

纵观中国社会学发展史，最早提出社会学中国化思想可以追溯到梁启超，期间也有不少学者提出了社会学中国化的思想，但真正出于"学术觉悟"而提出"社会学中国化"的应首推吴文藻。据费孝通回忆："吴文藻不但用中文讲课，讲北京话，而且还提出了社会学要中国化，要研究中国，用我们的科学知识来了解中国的社会……就是要用我们社会科学的知识、方法来理解中国的社会文化，来改造它，找到一条出路，来使得我们不要走上亡国的道路。"[2]吴文藻认识到西方理论与材料无益于认识中国社会，只有了解中国国情，精通西方理论，这样才能走出一条具有中国特色的社会科学之路。这种思想已经能够自觉地将西方社会科学理论与中国实践相结合，这是一种自觉的中国化意识。在此基础上，他进而指出，民族学与社会学中国化需要做三项工作：第一，寻找一种有效的理论构架；第二，用这种理论来指导对中国国情的研究；第三，培养出用这种理论研究中国国情的独立科学人才[3]。因此，吴文藻先生不仅提出了社会学需要中国化，而且还指出社会学如何中国化，这是难能可贵的。

二、社会学中国化理论方法体系的构建

吴文藻在倡导社会学中国化的过程中，一方面其践行的过程是非常有

---

[1] 吴文藻．社会学丛刊总序[M]//吴文藻．论社会学中国化．北京：商务印书馆，2010：3-4.

[2] 费孝通．我对中国农民生活的认识过程[J]．中国农业大学学报，2007，24(1).

[3] 林耀华，陈永龄，王庆仁．吴文藻传略[M]//吴文藻．论社会学中国化．北京：商务印书馆，2010：598.

步骤的，是学术自觉的表现；另一方面，他认为社会学中国化绝不是社会学的区域化，不是要拒斥西方理论，恰恰相反，首先应该精通西方社会学理论，他的这一思想与燕京大学社会学系一直注重中西文化交流的传统是契合的。吴文藻与早期一些社会学者不同的是，他认为研究社会"固然需要搜集、描述社会事实，但仅以数量统计的方法描述社会现象是不够的。为了深入认识社会，揭示社会生活的本质，应进行'质'的分析，以理论为指导，对社会想象做出解释"❶。他认为要建立自己的理论，首先应该对西方学术界的思想做一个考察。早在美国留学的时候，吴文藻就已了解了不少当时较新的学术思潮。回国后他更是查阅了大量相关资料，对西方各种学术思想进行了深入细致的分析研究。面对当时中国社会学的现状，他引进和评论了大量国外社会学的理论和思想，为推进社会学的中国化打下了雄厚的理论基础。1932年，他出版了《文化人类学》一书，发表了《现代法国社会学》一文，介绍了法国社会学的最新思潮；1933年，发表了《季亭史的社会学学说》一文；1934年，发表了《德国的系统社会学派》一文，对德国社会学做了较为全面的介绍；1935年，发表了《西方社区研究的近今趋势》《中国社区研究的西洋影响与国内近状》《功能派社会人类学的由来与现状》等文，介绍了西方社区研究的最新成果以及功能派的发展现状，并指出西方理论对国内社区研究的影响等；1936年，发表了《布朗教授的思想背景与其在学术上的贡献》一文；1938年和1943年又分别发表了《论文化表格》和《印度的社会与文化》等文。吴文藻对于以上这些西方学术思想和理论的引进与评判为国内学者了解西方提供了巨大便利，同时也为中国社会学者借鉴西方理论来构建本土理论方法体系铺平了道路。

吴文藻通过对西方学术的系统考察，最后他主张把社会学与人类学（或社会人类学）结合起来，借鉴当时在西方文化人类学领域盛行的"功能学派"理论及"社区研究"的方法，将它们有效地应用于中国社会的研究。他在一篇文章中写道："近两年来自己常常感到国内社会科学材料内容的

❶ 阎明. 中国社会学史——一门学科与一个时代[M]. 北京：清华大学出版社，2010：172.

空虚，颇想利用此派的观点和方法，来尝试现代社区的实地研究。"因为"功能学派是社会人类学中最先进，而亦是现今学术界上最有力的一个学派"。[1]他认为，"现代社区的核心是文化，文化的单位为制度，制度的运用为功能"。而"功能的观点，简单地说，就是先认清社区是一个'整体'，就在这个整体的立足点上来考察它的全部社会生活，并且认清这社会生活的各方面是密切相关的，是一个统一体系的各部分。要想在社会生活的任何一方面求的正确的了解，必须就这一方面与其他一切方面的关系上探索穷究"。[2]因此，用功能学派的理论来研究中国的国情就能取得一种"新的综合"，创造出具有中国特色的新研究路子。

在社会学研究方法上，"社区研究"是相对于早期"社会调查"而言的。社会调查着重记录、描述社会实况；社区研究侧重于事实的解释，探讨社会事实存在的原因，并分析社会各部分的相互关系和作用。可以说，社会调查相当于照相，社区研究就像是电影。照相所代表的生活是横断的、一时的、局部的、静态的，电影所代表的生活是纵贯的、连续的、全形的、动态的。社会调查是社会服务人士的观点，其主旨不在认识社会，而在改良社会，故注重社会问题的诊断。社区研究是社会学者的观点，其主旨不在控制社会，而在了解社会，故关心社会历程的探索[3]。在西方经典社区研究中，吴文藻十分推崇林德的《中镇》。他认为"这是近来社会学文献中一部空前的杰作，所以初出问世，即引起学术界一般人的注意"。他认为中镇的研究是"今后一切社区研究的模范"[4]。吴文藻所做的这一切努力，都是向国人介绍和宣传功能学派以及社区研究的思想理论和研究方法，目的就是构建具有中国特色的、符合当时中国国情的社会学理论方法体系。

---

❶ 吴文藻．功能派社会人类学的由来与现状[J]．社会研究，1935，111-112.

❷ 林耀华，陈永龄，王庆仁．吴文藻传略[M]//吴文藻．论社会学中国化．北京：商务印书馆，2010：598-599.

❸ 吴文藻．西方社区研究的近今趋势[M]//吴文藻．论社会学的中国化．北京：商务印书馆，2010：206-207。

❹ 吴文藻．西方社区研究的近今趋势[M]//吴文藻．论社会学的中国化．北京：商务印书馆，2010：206.

三、社会学中国化的具体实施

吴文藻通过对西方学术的考察，最后确定了适合中国社会学的理论方法体系——功能主义的社区研究。找到了理论构架后，他便开始着手组织对中国国情的研究。

首先，由国内学者介绍宣传功能主义以及社区研究的最新成果。吴文藻看到中国人多地广，但研究基础相对薄弱，要想对中国国情进行全面研究是不可能的，他提出借鉴西方的最新成果和方法展开社区研究。为了让大家了解社区研究，吴文藻一连写了数篇文章进行介绍，其中主要有《现代社区研究的意义和功用》《西方社区研究的近今趋势》《中国社区研究的西洋影响与国内近状》《社区的意义与社区研究的近今趋势》《中国社区研究计划的商榷》等[1]。吴文藻非常了解当时西方社会学、人类学界有关社区比较研究的最新成果，他为了能在中国开展类似西方的比较研究，专门向洛氏基金会[2]提交了一份研究计划，阐述其意义和价值，希望获得资金支持。他提出，在中国各地包括少数民族地区，选择若干个社区，展开系统地实地调查研究。对于吴的这项计划，马林诺夫斯基也去信给洛氏基金会，表达他“全心全意而无条件地支持”，因为“人类学只有用于研究高度发达的社区以及相关的社会学问题的时候，才能实现其真正的价值”[3]。马林诺夫斯基认为，对印度、法国、德国或变迁中的中国进行实地调查，要远比研究那些正在消亡的太平洋部落重要得多，而从各种角度来看，对中国文化的了解则是解决这个世界将来许多问题的关键。为了宣传和推广功能

❶ 林耀华，陈永龄，王庆仁. 吴文藻传略[M]//吴文藻. 论社会学中国化. 北京：商务印书馆，2010：600.

❷ 洛克菲勒基金会（又称洛氏基金会；英文：Rockefeller Foundation）由大约翰·戴维森·洛克菲勒及其儿子小约翰·洛克菲勒和纽约州重要的商业与慈善事业高级顾问弗里德利克·T盖茨在1913年创立，总部位于美国纽约第五大道420号，主要机构都是洛克菲勒家族的六代人所创立的。它的主要历史使命是“提高全世界人类的福利”，据洛克菲勒认为，要达到这个目的需要了解造成社会问题的原因并解决，最好通过科学的慈善事业进行。

❸ 阎明. 中国社会学史——一门学科与一个时代[M]. 北京：清华大学出版社，2010：174.

学派的学说，吴文藻专门写了《功能派人类学的由来与现状》一文，1935年载《社会研究》，于第111、112分两期刊出。同时他还邀请功能派的创始人之一拉德克里夫-布朗到燕京大学社会学系讲学3个月。为了更加深入地了解功能学派，吴文藻专程去伦敦与马林诺夫斯基交谈，参加他举办的讨论班。[1]

其次，邀请世界一流学者到中国讲学。20世纪30年代中期，吴文藻邀请数位世界知名学者访华。1935年10月，吴文藻请正在日本访问的人类学大师布朗到燕京大学讲学3个月，开设了"比较社会学"和"社会学研究班"的短期课程。在此期间，布朗对于在中国开展社区研究提出了自己的看法。他建议以村庄为单位，或剖析其内部结构，或考察其动态变迁。他认为，研究社区变迁最理想的方法是，在若干年间反复观察同一个乡村，但此方法在应用上极其困难。另一个间接的方法，是选择数个受某种相同因素影响，但影响程度不同的社区，加以比较分析[2]。据此，燕京大学社会学系准备在布朗的领导下，进行一个实地调查课题，并将它同世界上其他地区当时正在进行的实地调查联系起来以论证比较社会学的理论与方法。而上述布朗所提出的研究社区变迁的两种方法，后来都为社会学者所采用。

1936-1937年，吴文藻到欧美进行访学，在芝加哥大学，他通过布朗的介绍，结识了社会学家派克的女婿、人类学家罗伯特·瑞斐德(Robert Redfield)。吴文藻向瑞斐德提出"联合实地调查"的计划，引起芝加哥大学学者的兴趣。在这次访问期间，吴文藻还邀请耶鲁大学语言学家萨皮尔(E. Sapir)和哈佛大学青年人类学者阿伦斯堡(C. M. Arensburg)到燕大讲学并作田野调查，后因"卢沟桥事变"发生而未能实现[3]。本来，如果不是战争全面爆发，马林诺夫斯基也要到中国做学术访问的。

再次，中西同行展开合作研究。吴文藻认为，面对当时中国社会学研

---

[1] 林耀华，陈永龄，王庆仁．吴文藻传略[M]//吴文藻．论社会学中国化．北京：商务印书馆，2010：599.

[2] 布朗．对于中国乡村生活社会学调查的建议[J]．社会研究，1936，116：523-527.

[3] 吴文藻．吴文藻自传[J]．晋阳学刊，1982(2)：47.

究还比较薄弱的现状，同西方一流学者展开合作研究能够较好地推动中国本土社会学的发展。1937年初，英国人类学者、曾与布朗及马林诺夫斯基一词学习过的瑞蒙德·佛思（Raymond W.　Firth）向吴文藻提出，希望同燕京大学合作，到中国做人类学的实地研究，特别是研究中国边疆的少数民族问题；同时也可指导训练燕京大学的研究生进行实地研究❶。经过协商，1937年5月，佛思正式向洛氏基金会提出申请，研究题目则改为"华北农村生活的社会稳定性"。佛思打算花一年的时间在华北找一个1000人左右的村庄做实地调查，进行"微观社会学"考察。他已经就此列出了详细的研究计划，制定了研究范围，查阅了大量文献，确定了研究方法，并开始学习中文。与此同时，吴文藻根据当时的现实条件也给佛思制定了多种研究方案。吴文藻根据当时的时局建议佛思到云南去，相对来说，在那里的实地研究工作受干扰最少。他还提出让费孝通协助佛思在中国做田野调查。然而，由于日本侵华战争的全面爆发，所有的计划被迫全部取消，佛思最终没能成行。但是吴文藻倡导中西学者合作研究的愿望一直没有打消。1940年底，吴文藻向洛氏基金会继续申请各项资助，并通过费孝通继续探讨中西"联合实地调查"的计划。1943年，费孝通到美国访问，同哈佛大学、密歇根大学、哥伦比亚大学、芝加哥大学等大学接触，期望建立一些学术合作关系。哈佛大学以研究工业文化著称的埃尔顿·梅奥（Elton Mayo）教授准备同"工作站"❷合作，在中国推动类似的研究。华盛顿大学远东研究所也表示对研究现代中国极感兴趣，拟定的计划包括出版一系列有关现代中国研究的英文书籍，向"工作站"提供五年的资助，出版介绍美国社会的中文单行本，以促进中国知识界对美国的了解，并协助中国实行民主和工业化。

除了以上步骤和计划外，吴文藻为了使社区研究得以实现，他主张中国学者亲自做实地研究。他在担任燕京大学系主任期间，先后从系里派出

❶ 阎明．中国社会学史——一门学科与一个时代[M]．北京：清华大学出版社，2010：176.

❷ 1938年9月，吴文藻一家住在昆明市郊呈贡县的"华氏墓庐"，吴文藻的夫人冰心给它起名为"默庐"，吴文藻在这里筹建了一个小型社会学研究机构，由于是燕京大学和云南大学合办的，所以称为燕京—云南社会学研究工作站。

了一些研究生和助教到国内一些地方进行实地调查，使社区研究蔚然成风。比如派徐雍舜到北平附近的㴩县调查乡村领袖冲突问题；派林耀华到福州附近的义序调查宗族组织问题；派费孝通考察江苏省江村的农村经济问题；派黄华节到定县调查礼俗和社会组织问题；派黄迪到清河调查村镇结构问题；派郑安仑到福建调查侨民问题；派李有义到山西徐沟调查社会组织等。这些中国学者亲自主持或参与的调查都取得了良好的研究成果，后来在吴文藻的支持下陆续得到了发表和出版。这些成果对当时民族学和社会学中国化起了很大的促进作用，对今日的繁荣研究也仍然具有指导意义和参考价值。

四、中国社会学突出人才的培养

吴文藻认为开展实地社区研究，以推进社会学中国化，当务之急就是培养独立的科学人才。1935年吴文藻担任燕京大学社会学系主任之后，为此开展了多方面的工作[1]。

首先，他培养人才的计划体现在教学过程中。在课程设置上，他为学生增加了“社区调查”和“社区组织及问题”两门课程，指导学生从以前的描述性社会调查转向社区研究。他还亲自改编教材，以适应中国国情和实践。如“家族社会学”一课，原教材的内容是泛谈世界各民族(尤其是原始民族)的家族制度，很少涉及中国本身的家族制度。吴文藻对此进行了大幅度的改变，他以中国宗法制度为中心，并以中国与印度的父系家长制比较为特点编写了中文教材。在教学方法上，吴文藻不仅注意采取各种教学方法使学生掌握更多扎实的基础知识，而且还注意培养学生独立开展学术研究的能力。他在具备一定基础和专业知识的三、四年级学生中，以讨论班的形式上课。他先让学生选择某一研究专题进行准备，然后进行个别指导，最后让他们在讨论班上讲解各自的研究成果并组织大家讨论。他还在

[1] 郑杭生，李迎生. 中国社会学史新编[M]. 北京：高等教育出版社，2000：138-139.

燕京大学社会学系本科生中试行“导师制”。鉴于当时国内大学学术条件尚极为有限，为了培养一批理论方法兼擅的实用社区研究人才，吴文藻对一些在本科学习阶段表现比较突出的学生进行重点培养，试行“导师制”，使培养重点学生的做法制度化。

其次，他邀请国外学者来华指导中国学生。1935年10月，吴文藻邀请功能学派创始人之一——布朗来华讲学，在此期间，布朗担任林耀华的硕士论文《义序宗族研究》的导师，还指导本科生李有义做深入的实地研究。邀请了牛津大学副校长林叟的儿子林迈可和戴德华来燕京大学法学院讲课和个别指导学生[1]。1936—1937年，吴文藻在欧美进行学术访问，他邀请美国耶鲁大学著名语言学家萨皮尔和哈佛大学年轻学者阿伦斯堡博士来燕京大学讲学并帮助培养实地调查的研究生。1937年，吴文藻还邀请英国人类学者瑞蒙德·佛思来华，其合作计划已全部拟定好。其实，罗伯特·瑞斐德教授也有意向来中国开展联合调查并指导中国学生。功能学派创始人、著名人类学家马林诺夫斯基本来也要来中国讲学的，但所有这些计划，全部由于日本侵华战争的全面爆发而被取消。

再次，他采取派中国学生到海外深造的方法。吴文藻为了将自己的计划付诸实践，一方面邀请国外知名学者来华讲学或指导学生，另一方面他通过各方努力，选派中国学生到国外学习。为此，他与洛氏基金会及欧美多所著名大学联系，为有培养前途的学生申请资助，并联系导师，送他们出国学习。他对派哪个学生、去哪个国家、拜谁为师、吸收哪一派理论和方法等问题，都做了具体的、有针对性的安排。吴文藻曾说：“我花在培养学生身上的精力和心思，比花在我自己儿女身上的多多了。”[2]他派出去的学生主要有李有义、李安宅、林耀华、费孝通、黄迪、瞿同祖等人。李有义曾深入西藏考察，他的妻子生孩子时死在那里。吴文藻为其向洛氏基金会申请奖学金，并与美国芝加哥大学的人类学教授瑞斐德商量，让李有义去芝加哥

---

[1] 刘洪英．吴文藻与西方社会学的中国化[J]．徐州师范大学学报：哲学社会科学版，2000，26(3)．

[2] 冰心．我的老伴——吴文藻[M]//吴文藻．人类学社会学研究文集．北京：民族出版社，1990：8．

大学学习，由瑞斐德指导他学习社会人类学。在吴文藻的安排下，费孝通自燕京大学社会学系毕业后，考进清华大学研究院，跟随俄裔导师史禄国学习人类学，获硕士学位后去英国留学，进入伦敦经济学院。通过吴文藻的介绍，马林诺夫斯基将费孝通收到自己的门下，加以悉心指导和提携，费孝通后来对社会学和人类学做出了重要贡献[1]。另外，在吴文藻的努力下，李安宅去了美国加利福尼亚大学博科莱学院，师从著名人类学家博厄斯的弟子克娄伯（A. L. Kroeber）和罗维（R. H. Lowie）学习人类学，后又到耶鲁大学师从萨皮尔学习人类学。林耀华去了哈佛大学人类学系学习。这些学生学成归国后，成为开展实地社区研究的骨干力量，为社会学中国化做出了自己的努力，其学术成就在国内外都有较大的影响[2]。

第三节 马克思主义学派在中国社会学本土化问题上的探索

长期以来，中国社会学界一直将马克思主义社会学排斥在社会学殿堂之外，这是中国社会学恢复重建以前的一大错误。大多数西方社会学理论的教材中都鲜有将马克思主义社会学纳入其思想体系的；另外，研究马克思主义的学者，也都注重研究马克思主义哲学、马克思主义政治经济学和科学社会主义，而很少研究马克思的社会学思想。这是因为新中国成立以前，西方资产阶级社会学长期居于“正统”地位，而马克思主义社会学处于非主流的“边缘”地位。1948年1月22日，赵承信在天津《益世报》上发表题为《中国社会学的两大派》的文章。该文认为中国社会学受到欧美社会学的影响，也形成了不同的派别，但主要都属于两大主流，即文化学派与辩证唯物论派。文章称：“辩证唯物论对于青年学习的影响很大，但是并非正

❶ 阎明．中国社会学史——一门学科与一个时代[M]．北京：清华大学出版社，2010：177.

❷ 郑杭生，李迎生．中国社会学史新编[M]．北京：高等教育出版社，2000：139.

宗。被唯物论者称为布尔乔亚社会学才是中国社会学的正宗……辩证唯物论属于主义学说的范围，非是科学的研讨，而他们（布尔乔亚社会学）都是主张社会学非革命主义，乃是科学的研究。"[1]赵承信在这里直接把中国社会学分为两大派别。其中的文化学派就是西方孔德系社会学，而辩证唯物论派就是马克思主义社会学。他认为辩证唯物论派尽管影响较大，但并非正宗，相关研究只能归于"主义学说的范畴"，而不是"科学的探讨"[2]。赵承信的这一看法与事实不符，实际上，中国早期社会学——马克思主义社会学派运用马克思主义唯物史观这一根本法则，在社会学基础理论研究、社会学应用研究、有关社会结构的理论与实证探讨、结合中国实际探索马克思主义中国化等方面都取得了不少成就[3]。

产生于欧美的社会学，无论是马克思主义社会学还是西方孔德系社会学，都有一个相同的出发点，即要认识社会现象、解决社会问题、建立公平和谐的社会秩序。两者的起源有着相似的社会背景，都是因对法国大革命和西欧工业化进行反思而产生的。两种学说的各自创始人——马克思和孔德，都曾是法国哲学家圣西门的学生。然而，两者的差异也是显而易见的，两者实质上是唯物主义与唯心主义之争、社会革命与社会改良之争。在中国，西方孔德系社会学排斥马克思主义社会学的同时，马克思主义社会学对西方资产阶级社会学也一直持批判态度。因此，马克思主义社会学在中国一开始便承担了双重任务，即一边阐释、传播马克思学说，一边展开对西方社会学的批判。

一、马克思主义学派关于社会学基本理论的研究

中国早期社会学的马克思主义学派代表人物主要有李大钊、瞿秋白、李达、许德珩、陈翰笙、毛泽东和张闻天等。这些马克思主义学者的共同之

[1] 赵承信．中国社会学的两大派[N]．益世报，1948-01-22.

[2] 陈新华．留美生与中国社会学[M]．天津：南开大学出版社，2009：228.

[3] 郑杭生，李迎生．中国社会学史新编[M]．北京：高等教育出版社，2000：151.

处是:接受了历史唯物论,对以革命推动社会进步持坚定不移的信仰。他们工作的范围大致包括三部分:一是在高校任教;二是撰写理论著作;三是进行实地调查❶。他们对社会学研究的基本法则与方法论、社会学的研究对象与历史使命、中国社会的现状及社会结构等基本理论问题进行了非常有特色的研究。

(一)唯物史观在社会学中的地位

1918年7月20日,胡适在《每周评论》第31期上发表《多研究些问题,少谈些"主义"》一文。文章称"现在中国应该赶紧解决的问题,真多得很"。他指出:"请你们多研究这个问题如何解决,那个问题如何解决,不要高谈这种主义如何新奇,那种主义如何奥妙。"❷胡适在此实质上倡导的是一种研究具体问题的解决办法和改良主义道路,他是反对马克思主义唯物史观的。针对此文,李大钊(1889—1927年)发表《再论问题与主义》一文,针对胡适的观点指出,实际的问题固然应当研究并加以解决,然而任何社会问题的解决,必须要有一个绝大多数人民所支持的一个伟大的运动。只有通过这种运动,使社会问题的解决变成多数人的共同活动,实际的问题才有解决的可能。他在1920年前后写的《我的马克思主义观》《唯物史观的现代社会学上的价值》《史观》等文章中,首次提出唯物史观是社会学研究的法则的思想。在李大钊看来,唯物史观是社会学的根本法则,"社会学得到这样一个重要法则,使研究斯学的人有所依据;俾得循此以考察复杂变动的社会现象,而易得比较真实的效果"。"唯物史观之作为社会学的根本法则,是它对社会学最伟大的贡献。"❸

另一位马克思主义社会学家许德珩(1890—1990年)指出:"能够解释社会最确切的理论,就是历史的唯物论,而历史的唯物论,就是正确的社会学,而社会学也就是社会科学。""只有历史唯物主义的观点才是真正的科

❶ 阎明. 中国社会学史——一门学科与一个时代[M]. 北京:清华大学出版社,2010:224.
❷ 胡适. 胡适的自传[M]. 上海:华东师大出版社,1981:201-202.
❸ 李大钊. 我的马克思主义观[M]//李大钊. 李大钊文集:下册. 北京:人民出版社,1984:64.

学。从历史唯物论的基本原理出发，人类社会的发展经过原始社会、奴隶社会、封建社会、资本主义社会，到达社会主义社会。”[1]李达（1890—1966年）在《社会学大纲》一书中认为，唯物辩证法是社会学唯一科学的方法论，历史唯物论包含着科学的阶级观，历史唯物论主张阶级只是在社会的一定历史发展阶段上才产生的，阶级是由人们在特定社会生产体系中所处地位的差异决定的。李达从唯物史观出发而进行的社会学研究，在新中国成立前的中国社会学界的贡献是首屈一指的，没有人能超越他。李达撰写的《社会学大纲》一书，毛泽东在延安时将这部书读了10遍，称其是“中国人自己写的第一部马列主义的哲学教科书”，对其评价可见一斑。

总之，马克思主义学派的社会学者在研究社会学的过程中，始终坚持辩证唯物主义与历史唯物主义的立场，将其视为社会学研究的根本法则和基本理论，在整个研究过程中，始终贯彻了历史唯物主义的观点。

（二）社会学研究对象与学科性质的探讨

李大钊认为，马克思主义的社会学与历史学都是以唯物史观为指导的社会科学。“社会学的研究对象……社会学的起源，实亦起于历史上理论的考察，是由于与历史导出理法的动机自然发生出来的东西……社会学是就人群的共同生存的一切社会现象，为理论的研究，以寻其理法者。简明地说……社会学是把人类社会的生活横起来研究的学问。”[2]

李达认为马克思主义社会学将社会作为其研究对象，其使命在于“发现社会组织之核心，探求社会进化之方向，明示社会改造之方针而已”。在论证其学科性质时，李达提出社会学的一个重要功能就是“预测功能”。“推测社会进化之目的，预言其进行之途径，并究知人类遵循此途径与达到此目的之方法，乃社会学最大之任务。”[3]

---

❶ 许德珩．社会学讲话：上卷[M]．北京：好望书店，1936：61-62.

❷ 李大钊．唯物史观在现代社会学上的价值[M]//李大钊．李大钊文集：下册．北京：人民出版社，1984：369-370.

❸ 李达．现代社会学[M]．重庆：昆仑书店，1929：327.

许德珩指出，社会学是一门“研究人类社会之构造，社会构造之存在、发展、变革及其相互关系；分析构成人类社会生活的诸要素及诸要素的性质，诸要素之间相互作用和关系，探求社会变革的因果关系和法则，以推知社会进行的方向，预测将来的一种学问”[1]。在社会学学科性质上，他认为社会学既是理论的科学，又是应用的科学；既是抽象的科学，同时也是具体的科学。社会学应该强调理论与应用的结合，抽象与具体的统一。

瞿秋白（1899—1935年）认为，社会学不同于经济学、法学，因为它不是以某一种社会现象作为自己的研究对象，而是研究社会总体的一切现象，研究各种社会现象的相互关系，以“社会生活的全体为目标”。其职责在于综合问题：什么是社会，社会的发展和崩坏的原因何在，各种社会现象（经济、法律、科学等）之间的关系如何等。

概括地说，马克思主义学派普遍认为社会学是在唯物史观指导下的综合的社会科学，其研究对象就是全体社会。实际上他们在一定程度上就是将社会学与社会科学等同，认为一切社会现象都是社会学的研究对象。在其学科性质上强调社会学的预测功能。

（三）对中国社会结构的解析

马克思主义社会学的根本任务是为推翻或彻底改造旧社会、建立新社会提供理论依据，这就必须掌握社会的发展变化规律，而对规律性问题的认识必须建立在对社会现状与结构充分了解的基础上。对于社会结构的研究是探索社会变迁与发展的前提和基础。“吾人研究社会动态时，必先求得关于社会静态之智识以为根据。”[2]

李大钊指出社会可以分为“基础构造”和“表面构造”两部分。他说：“人类社会生产关系的总和，构成社会经济的构造。这是社会的基础构造。一切社会上政治的、法制的、伦理的、哲学的，简单说，凡是精神上的构

---

❶ 许德珩．社会学讲话：上卷节选[M]//复旦大学分校社会学系．社会学文选．杭州：浙江人民出版社，1981：91–92.

❷ 李达．现代社会学[M]．重庆：昆仑书店，1929：19.

造,都是随着经济的变化而变化的。”[1]李大钊认为社会的基础构造决定表面构造,表面构造随着基础构造的转移而变动,基础构造的动力就是生产力,是其内部促使他自己进化的最高动因。李大钊的社会结构理论是马克思历史唯物主义在社会学领域的具体体现。瞿秋白将社会结构分为“社会基础”与“社会建筑”两部分。社会基础包括生产力和生产关系,社会建筑包括政治法律、社会制度、社会心理与社会思想等内容。他指出,社会建筑立于社会基础之上,但受社会基础发展的影响,而“生产力之状态”是社会最后的根底。李达将社会比喻为一个建筑物,其分为建筑物的基础和上层建筑两部分。我们应该先研究基础的构造原理,然后研究立于此基础之上的上层建筑,最后研究基础与上层建筑之间的相互关系。同时,他也指出,上层建筑能影响生产力与生产关系,不过,上层建筑只能成为经济变化的助因,而不能成为经济变化的主因。

中国早期马克思主义学派社会学家有关对社会结构的组成及其内部相互关系的研究明显是受到历史唯物论的影响,甚至可以说就是历史唯物主义关于社会结构的基本原理。这与马克思主义学派将历史唯物论看作马克思主义社会学的根本原则是一致的。

二、马克思主义学派关于中国社会问题的研究

旧中国社会动荡,民不聊生,社会问题丛生。面对社会现实,马克思主义学派开展了大量的有关中国社会问题的研究,取得了不菲的成效。

(一)关于自杀问题的研究

李大钊在1919—1922年,发表了《一个自杀的青年》《青年厌世自杀问题》《自杀论》等文专论自杀。他经过分析后认为,中国的自杀现象在于黑暗的社会制度,其中社会经济因素是主要原因。李大钊认为经济界萧条的

[1] 李大钊. 我的马克思主义观[M]//李大钊. 李大钊文集:下册. 北京:人民出版社,1984:59.

时候，战争和商业的危机，可以增加自杀的数目。婚姻家庭状况、有无小孩等也对自杀现象有重要影响。李大钊通过对具体实例和相关数据的统计分析，最后指出自杀主要是由社会经济原因引起的，要降低自杀，只能从彻底改造社会入手，对旧社会应该从经济组织、婚姻制度、社会风俗等方面进行全面的改造。

陈独秀也特别注重对自杀问题的研究，在他看来："自杀是一种重大的社会现象，在社会学上是一个重大的问题；因为自杀若成了一种普遍的信仰，社会便自然破灭，哪里还有别的现象，别的问题发生呢？这样重大的问题，不是简单的感想可以解答的。"[1]陈独秀通过引证大量的社会学关于自杀的数据，提出了一系列相关的概念，他在《新青年》上发表的《自杀论》是一篇很有分量的社会学研究著作。陈独秀指出要消除自杀，一方面要明察自己组织的缺点，有度量容纳新生分子，相信新分子会有新组织来取代旧组织；另一方面，不要消极自杀，要有反抗精神，要组成新的合力反抗社会的压迫。反抗是好现象，是社会进化的必经现象，是社会进步的表现。通过对自杀的研究，他鼓励民众团结起来反抗黑暗的旧制度，这与马克思主义的革命主张是一致的。

瞿秋白撰写的《自杀》和《林德扬君为什么要自杀呢？》两篇文章是中国社会学史上有关自杀研究的比较早的文献。他通过对个案的分析试图揭示自杀的心理与社会原因。他指出自杀的心理原因：一是急激的嫉俗思想导致自杀者用自杀来表示其热烈的感情；二是受虚幻的改革思想刺激而致心理变态，这表现了中国人心理素质的薄弱。而社会所造成的无量的罪恶是导致自杀的社会根源。瞿秋白在分析自杀的原因方面是比较深刻的，但他在如何消除自杀问题上没有意识到彻底改造社会的重要性，而只是提倡通过建立美好生活、男女朋友交际的生活及新的人生观的手段来达到目的，这显然是粗浅的，对自杀问题认识是比较片面的。

---

[1] 陈独秀．陈独秀著作选：第2卷[M]．上海：上海人民出版社，1993：54.

(二)关于劳工问题的研究

在城市与工业方面,中国共产党人将注意力放在发动和组织工人运动上。因此,对于工人劳动者的关注是必然的。马克思主义学派对于中国劳动者问题的研究在当时中国思想界占有重要地位。

李大钊特别同情下层劳动人民在旧中国所遭受的悲惨处境,写下了不少文章探讨劳工及农民贫困问题。他在《劳动问题的祸源》一文中指出,劳动问题的祸源在于工银制度、资本制度、工厂制度及社会上少数人的统治权。文章深刻地揭示了中国工人阶级深受资本主义制度剥削的这一社会问题的严重性。《上海的童工问题》一文具体揭露了西方资本势力对中国童工的剥削。他写道:"上海工人在身体上精神上都受到极重的损伤,而以童工为尤烈,这都是长时间工作疲劳过度之所致。童工被佣于家内铺店、小工厂、家庭工业、洗衣房、并建筑业及大工厂等。女童工间有沦落而为娼为婢者……很多的不过六岁的童工,在大工厂里作工,十二小时内,仅给他们一小时的功夫去吃饭。他们大多是站立着作工。分日夜两班换班,直到一星期终了的时候,才停一班。工钱只按工日给予。一天的工钱,至多不过二角。工作场的卫生设备极坏。那些儿童,多由包工者(contractor)由乡间招来,一个月只给他们的父母银二元,而包工者则一个月由工厂主得到四元。那些儿童们的衣、食、住,均极惨苦,而不得一钱。"[1]

李达在《现代社会学》一书中详细分析了中国的劳动者问题。指出中国劳动者"受特别之牺牲,尤以佣工于外人所设立之工厂者为最甚",外国资本家对中国进行残酷的剥削,资本家"稍不如意,鞭责相加,有反抗者则枪毙处死,莫敢谁何"[2]。另外,他指出中国传统手工业遭受外国资本主义现代工业的侵袭,其从业人员失业现象非常严重,由于受资本主义经济的影响,传统农村经济破产,"农村劳动者,虽穷年劳动,亦不能赡养身家"以

[1] 李大钊. 上海的童工问题[M]//李大钊. 李大钊文集:下册. 北京:人民出版社,1984:790-791.

[2] 李达. 现代社会学[M]. 重庆:昆仑书店,1929:228-229.

致“壮者散之四方，弱者转死沟壑”[1]。

邓中夏（1894—1933年）将他所亲历的早期中国共产党组织、领导的工人运动加以总结，写成《中国职工运动简史（1919-1926）》[2]一书。这本书着重讨论历次罢工的成败经验，不能视作一部学术著作，但却集中反映了早期马克思主义者对劳工问题的基本认识。邓中夏认为，中国劳动者的旧式组织是以职业、出生地等划分，采取行会、帮口或秘密结社的形式。中国现代工会运动是在中国共产党成立以后才开始的，从此，中国的工会才逐渐具有组织性、阶级性和国际性。中国工人最早的罢工，是1913年汉阳兵工厂罢工以及1915年安源煤矿的罢工。两次罢工均遭武力镇压，罢工领袖被杀。该书旗帜鲜明地表达了共产党人主要应该关注如何有效地组织领导劳工，取得斗争的胜利。

（三）其他社会问题的研究

李大钊不仅以马克思主义观点分析了旧中国的劳工问题，而且还分析了农民日益破产贫困等社会问题。在《土地与农民》等文中，李大钊指出当时中国农民破产的趋势是许多中农破产而为小农，而农民中最多数最困苦的阶级就是自耕农和佃农，其中佃农及雇农所受的压迫，比自耕农更甚，已经到了无法维持其最低生活的境地，结果他们“或流于都市，投身于工厂，投身于人力车夫，或流为兵匪者，更不知其几了”[3]。李大钊指出，贫困破产的核心问题是土地问题，若要实现“耕地农有”，提高贫困农民的地位，只有建立起农民自己的组织，由贫农、佃农及雇农组织农民协会。

李达在《现代社会学》一书中把中国问题分为劳动者问题、妇女问题及准无产者问题三类。他认为，在中国传统封建家族制度与礼教束缚下，妇女问题并不严重。然而“自欧化东渐，而妇女问题亦与其他社会问题同时并起”。婚姻问题是妇女问题中最普遍的一种，中国妇女在经济上不能独

---

[1] 李达．现代社会学[M]．重庆：昆仑书店，1929：229.

[2] 邓中夏．中国职工运动简史（1919—1926）[M]．北京：人民出版社，1953.

[3] 李大钊．土地与农民[M]//李大钊．李大钊文集：下册．北京：人民出版社，1984：825.

立，所以在婚姻上也就毫无自由可言。且由于中国妇女受教育较少，加之产业还处在萌芽期，工商业界很少吸纳妇女办事，因此女子很难寻得就业机会。因而中国妇女所遭受的苦痛特别严重。李大钊把妇女解放作为实行真正的民主主义的前提和保证，他在《妇女解放与Democracy》一文中鲜明地指出："我们若想真正的Democracy（民主主义）在中国的社会就能够实现，必须先作妇女解放的运动，使那妇女的平和、美爱的精神，在一切生活里有可以感化男子专暴的机会，积久成习，必能变化于无形，必能变专制的社会，为Democracy的社会。"[1]陈独秀更注重对妇女问题的深入研究，认为妇女问题的真正解决只有通过社会主义的途径。他说："女子问题，实离不开社会主义。为什么呢？因为女子与社会有许多冲突的地方。讨论女子问题，首要与社会主义有所联络，否则离了社会主义，女子问题断不会解决的。因社会制度，造成了社会的许多不平等的事情；因社会造成个人的不平等不独立，然后方有社会主义发生。讨论这点，妇女问题，自然是连带发生了。妇女问题虽多，总而言之，不过是经济不独立。因经济不独立，遂生出人格的不独立，因而生出无数痛苦的事情。"[2]雷洁琼在20世纪三四十年代发表了大量的有关妇女、婚姻与家庭的文章，运用历史唯物主义的观点分析中国妇女问题，她认为："三十年来中国妇女运动，由争求个人的自由平等权利，进而趋向于争取国家民族解放，这个动向是合理的，正确的。但是它所表现的成绩，还离我们的理想很远……妇女解放运动是与整个民族及社会运动不可分离的一个有机组成部分，故又必须严密地与整个政治社会运动联系起来，配合着社会的各方面进行。妇女运动不光是妇女的事业，男女共同地努力，配合着民族解放运动进行，笔者相信中国今后的妇女运动是有着辽阔光明的前途的。"[3]

早期马克思主义学者对于中国自杀问题、劳工问题、农村问题和妇女

---

❶ 李大钊．妇女解放与Democracy[M]//李大钊．李大钊文集：第3卷．北京：人民出版社，1999：68.

❷ 陈独秀．陈独秀著作选：第2卷[M]．上海：上海人民出版社，1993：267-268.

❸ 雷洁琼．雷洁琼文集：上卷[M]．北京：开明出版社，1994：161-162.

问题的研究,在立场、方法、范围和结论上都有着鲜明的马克思主义立场,都是运用马克思主义原理与中国实际相结合的成果。他们对于中国问题和中国国情的理解是正确且具有时代意义的,对于正在发展中的中国马克思主义社会学有特别重要的意义。这些研究不仅指明了中国马克思主义社会学的发展方向,而且使得中国马克思主义社会学具有鲜明的中国特色。

三、马克思主义学派开展的社会调查

1949年前,中国共产党的理论与实际工作重点主要在农村。他们认为,中国最基本的问题是农村问题,因此,实地调查的重点也就放在了农村。在农村调查方面,最具有代表性的人物是毛泽东、张闻天和陈翰笙三位。

(一)毛泽东开展的解放区农村调查

1920年,毛泽东第一次读到苏联学者考茨基的《阶级斗争》、马克思与恩格斯的《共产党宣言》及英国人克考普的《阶级斗争》等著作。毛泽东从这些书中认识到阶级斗争是社会发展的原动力。然而,这些书都没讲到中国的实际情况,以及如何在中国进行革命。同时他认为在西方资产阶级社会学的指导下开展的社会调查并没有从本质上揭示中国的真实情况。为了深入了解中国的过去、现在和将来,需要做调查研究工作。他说:"幼稚的资产阶级还没有来得及也永远不可能替我们预备关于社会情况的较完备的甚至起码的资料,如同欧美和日本的资产阶级那样,所以我们自己非做搜集材料的工作不可。"[1]

1927年1月至2月,毛泽东对湖南长沙、醴陵、湘潭、衡山、湘乡五个县的农民运动做了调查,前后32天,最后写下了《湖南农民运动考察报告》一

[1] 毛泽东.《农村调查》的序言和跋[M]//毛泽东. 毛泽东农村调查文集. 北京:人民出版社,1982:17.

文。1928年12月，毛泽东为指导根据地的土地斗争，在总结湘赣部分农村分田试点经验的基础上，起草了《井冈山土地法》。由于这个土地法在实施后出现了问题，毛泽东又亲自赴赣南兴国县做调查，并起草了《兴国土地法》，对原《井冈山土地法》存在的问题作了修正。1930年5月，毛泽东又到寻乌县做调查。这次调查是他进行的社会调查中规模最大的一次，对寻乌的政治、经济（包括商业与交通）、文化、社会各阶级的历史和现状作了详细全面的调查。寻乌调查不仅调查了农村，还调查了县城的全面情况，最后写出了约8万字的调查报告。1930年10月，为了总结土地革命的经验，毛泽东又到兴国以调查会的形式进行了一星期的调查，写成了著名的《兴国调查》报告。因为这次调查以8户家庭为主而展开，所以调查结果比以往历次都要深入。其后，在1930—1933年，为掌握苏区土地斗争及苏区建设状况，毛泽东在江西、福建革命根据地又进行了一系列调查，其中对长岗乡与才溪乡的调查，有《长岗乡调查》与《才溪乡调查》两个著名的报告问世。

毛泽东认为，要了解情况，唯一的方法是"向社会做调查"，"没有调查就没有发言权"。只有如此，才能获得对中国社会问题最基本的知识。毛泽东在调查中使用的具体方法，主要是开调查会，做谈论式调查。调查的对象要找深切了解社会经济情况的人，一般为干部或农民。为了使调查的材料有代表性，要选择调查的典型。调查的典型可以按其政治态度，分为先进的、中间的、落后的三种。如果能根据这种分类，每类调查两三人即可知一般的情形。另外，为了使调查对象说真话，就要和他们做朋友。开调查会的时候，要给予调查对象充分的时间，要有调查纲目，调查者必须亲自提问题、做记录，并同到会的人展开讨论。

以毛泽东为代表的解放区农村调查把马克思主义的基本原理与中国社会的具体实际相结合，也为社会学的中国化开辟了一条崭新且切实可行的途径。直到今天，仍具有重要的借鉴意义。毛泽东对待调查对象的态度直到今天都是正确的。他所采用的具体调查方法与技术在今天看来虽有局限，但在当时的社会条件下是有效的，今天亦未完全失去价值，我们仍然有借鉴与吸收的地方[1]。

(二)抗战时期张闻天的晋陕农村调查

1942年,时任中共中央政治局委员、中央书记处书记的张闻天,组织了"延安农村调查团",其中共有十个人,工作了一年零两个月。调查目的是从生产力与生产关系入手,搞清农村的阶级关系。调查方法是先从村干部和党员入手,然后按户调查和开调查会。调查成果主要有《陕甘宁边区神府县直属乡八个自然村的调查》和《米脂县杨家沟调查》等。前者的调查结果颇令人思索。张闻天报告的是在一个自然环境极其恶劣的地区,土地平均分配之后,暴露出土地的使用与所有处于分散状态、土地不足、劳动力过剩的问题。另外,虽然地主被打倒了,但某些农民或因发生某种意外情况,或因好吃懒做,结果很快便又将土地出租或典押[2]。《米脂县杨家沟调查》则利用一个大地主家族近百年的各种账簿,分析其买地、典地、收租、放债、经商、日常收支等经济活动。

张闻天主持的晋陕农村调查,是新民主主义革命时期中共历史上参加人数最多、时间最久的一次著名调查。与20世纪三四十年代其他的农村调查相比,颇具自己的特色。调查对象是以典型区域为中心,以马克思主义阶级分析为指导重点调查生产力与生产关系。在具体调查过程中,"不怕麻烦",既注重利用地方党政权力的权威资源,又采取了调查会、个别谈话等有效的调查方法。最后通过分析调查资料,"抽出一般原则",提出"发展新式资本主义"等大胆论断,既实现了服务革命政策的目的,又是一种更为深刻的超越[3]。

---

❶ 郑杭生,李迎生. 中国社会学史新编[M]. 北京:高等教育出版社,2000:168-169.

❷ 张闻天选集传记组,等. 米脂县杨家沟调查[M]//张闻天选集传记组,等. 张闻天晋陕调查文集. 北京:中共党史出版社,1994:34.

❸ 李金铮,邓红. 论抗战时期张闻天主持的晋陕农村调查[J]. 抗日战争研究,2008(1):183-209.

(三)陈翰笙的直接社会调查

在马克思主义社会学者中，毛泽东和张闻天的农村调查，使用的都是间接方法，即通过所谓“知情人”搜集情况。陈翰笙则采用直接方法进行较为系统的调查统计。陈翰笙1915年留学美国，1922年获芝加哥大学硕士学位。其后到德国柏林大学东欧史地研究所工作并攻读学位，1924年获博士学位。回国后，陈翰笙先任教于北京大学，后在几位苏联人及李大钊的影响下，加入第三共产国际。1927年大革命失败后，他被迫流亡苏联，其间在苏联国际农民运动研究所做研究，这使得他的注意点转移到了农村和农民问题。自苏联回国后，他因得到蔡元培的支持，于1929年被任命为中央研究院社会科学研究所社会学组组长。1928—1934年，陈翰笙等利用公开合法的身份，在国民党统治区的农村进行了一系列大规模的调查。

陈翰笙的主要著作包括1929年与王寅生合著的《黑龙江流域的农民与地主》、1930年的《亩的差异》、1933年的《中国之土地问题》、1934年的《广东的农村生产关系与农村生产力》、1936年的《中国之土地与农民》等。这些著作贯穿着一个基本思路，即作为一个马克思主义者，陈翰笙认为，一切生产关系的总和构成社会的基础结构，这是真正社会学研究的出发点。而中国大部分的生产关系是属于农村的，因此，农村中生产关系是农村各种问题的核心。陈翰笙等决定从土地制度着手。在他看来，江南、河北、岭南是中国工商业较发达而农村经济变化最快的地区，如能了解这三个地区的生产关系如何演进，便能认识全国的社会经济状况。于是他们先后分别在江苏、河北、广东选县、区、村，以村为单位，挨户调查[1]。

陈翰笙等运用马克思主义的科学方法，从生产关系入手，进行一次又一次大规模的调查，并写下了大量著名论著，以翔实的实际材料，证明了中国半封建半殖民地的社会性质，揭露了农村的封建生产关系及地主对农民的残酷剥削，指出了农村的根本问题是土地所有制，而进行土地革命是中

[1] 陈翰笙．中国农村研究[M]//汪熙，杨小佛．陈翰笙文集．上海：复旦大学出版社，1985：43-45.

国农村的唯一出路[1]。陈翰笙在国统区所做的直接系统的调查与毛泽东等在前期所做的调查最后得出的结论是一致的，那就是“革命”。这些研究成果是对当时盛行的各种改良主义理论与实践的一个有力回击，同时也证明了中国共产党领导的土地斗争的正确性。

四、马克思主义学派对于欧美社会学派的批判

社会学的学科内部一直存在两大传统，即由孔德所创立的西方社会学以及马克思主义的社会学。社会学两大传统实质上都是在对法国大革命和欧洲工业化进行反思的基础上形成的，各自的创始人也有着相似的时代背景，然而各自创立的学说在对待资本主义制度的态度上却是截然相反的。寻求维护社会稳定和社会秩序的社会整合机制，以及通过渐进的、非暴力的、非革命的社会进化实现社会进步，通过社会结构的转型实现制度和观念的变革就成为孔德社会学的主要特征[2]。

马克思对孔德社会学的改良思想和维护现行社会秩序的思想，是持激烈批判态度的。1866年在写给恩格斯的信中即表示了对孔德的蔑视。“我现在在顺便研究研究孔德，因为对于这个家伙英国人和法国人都叫喊得很厉害。使他们受迷惑的是他的著作简直像百科全书，包罗万象。但是这和黑格尔比起来却非常可怜（虽然孔德作为专业的数学家和物理学家要比黑格尔强，就是说在细节上比他强，但是整个来说，黑格尔甚至在这方面比他不知要伟大多少倍）。而且这种腐朽的实证主义是出现在1832年！”[3]1871年在写《法兰西内战》时更专辟“工人和孔德”一小节，对孔德的立场和态度严词批判：“孔德在政治方面是帝国制度（个人独裁）的代言人；政治经济学方面是资本家统治的代言人；在人类活动的所有范围内，甚至在科学范围

---

[1] 郑杭生，李迎生．中国社会学史新编[M]．北京：高等教育出版社，2000：170.

[2] 李培林，孙立平，王铭铭，等．20世纪的中国：学术与社会：社会学卷[M]．济南：山东人民出版社，2001：32-33.

[3] 马克思．马克思致恩格斯信[M]//中共中央马克思恩格斯列宁斯大林著作编译局．马克思恩格斯全集：第31卷．北京：人民出版社，1998：236.

内是等级制度的代言人；巴黎工人还知道：他是一部新的教义问答的作者，这部新的教义问答用新的教皇和新的圣徒代替了旧教皇和旧圣徒。”❶

西方社会学思想在产生时所具有的明显的社会改良特征、改良思想与马克思主义社会学革命思想之间所产生的分歧和激烈冲突，在社会学传入中国后再次重演。

（一）马克思主义学派对于改良学派阶级立场的批判

马克思主义学派一开始即以其鲜明的阶级立场对西方资产阶级社会学持激烈的批判态度。马克思主义学者许德珩站在马克思主义立场，引用马克思、恩格斯以及俄国、日本的马克思主义者的著作，对涂尔干提出批判。称其错误地把人类精神和心理现象看作社会学研究的基础。而这是所有孔德、斯宾塞以来的各家社会学说共同的错误——从其哲学的观点来说，都是唯心论或二元论的；从其阶级立场来说，都是资产阶级的；从其研究方法来说，都是机械的。这种社会学理论与方法论，随着资本主义社会矛盾的日益加剧，日趋于破产，已走到了穷途末路。他还批驳了文化学派的观点，因其强调文化因素对社会的作用，故将其称为文化决定论。他提出，这种理论是资本主义由自由竞争发展到独占时代，由阶级对立进展到政权斗争的时代，最适合于资产阶级需要的理论。尽管他未指明，但此论点似乎是针对孙本文。

李达在《现代社会学》一书中更加系统、严密地论述了马克思主义有关社会历史的基本原理。他提出，历史唯物论是在同资产阶级社会学作长期斗争中锻炼而成的。李达认为孔德所提出来的社会秩序与社会进步，实为资产阶级的秩序，是暗示资产阶级社会是历史上最进步的东西。资产阶级社会学的政治性质是站在维护资产阶级利益的立场，巩固资本主义制度。资产阶级各派社会学虽然都装出科学的外貌，但实际上并不是科学。因

❶ 马克思．法兰西内战（初稿）[M]//中共中央马克思恩格斯列宁斯大林著作编译局．马克思恩格斯全集：第31卷．北京：人民出版社，1998：423-424.

为,第一,他们始终没有找到自己的研究对象;第二,其哲学基础都是观念论或唯心论。李达认为历史唯物论与资产阶级社会学的一大区别在于两者对阶级的认识。前者包含着科学的阶级观,主张阶级只是在社会的一定历史发展阶段上产生的,阶级是由人们在特定社会生产体系中所处地位的差异决定的。而旧社会科学家对于阶级的概念,有种种错误的见解:一是根本否认现代社会中阶级的差异,鼓吹现代"民主主义"制度是以平等为原则的;二是认为阶级的差别与对立是一切社会所通有的,是长存的;三是有人说阶级的差别是因职业的区别而发生的。李达认为,上述种种观点都没有抓住阶级的本质。在历史唯物论看来,社会上既然有了阶级的分裂,各阶级的利益必然不能调和,从而引起阶级冲突。这种对立物之间的斗争是阶级社会发展的推动力,也是由现代到未来社会转变的根本要素。

李达进而批判了资产阶级的国家观。他认为国家与阶级是密切相关的,科学的国家观在其本质上是阶级的国家观。而资产阶级的国家理论在其本质上是超阶级的国家观。他以孙本文为例,批评其在《社会学原理》一书中先引述中国古籍中对国家的解释,又借用西方政治学关于国家的观点。在孙本文看来,现代国家未必仅仅代表某一阶级,而是能够协调各方利益冲突,为社会全体人民谋利益。这一点与李达关于阶级的国家观是完全不同的。李达批判资产阶级的国家观有三点缺陷:一是其国家观是超阶级的,即将国家看成是超出阶级之上的无偏无党的全民国家;二是其国家观不区分国家和社会的差异,把国家看作社会,并与社会同为万古长存的东西;三是其国家观以观念论为基础,完全站在资产阶级立场上,从主观出发说明国家的构成。

以上马克思主义社会学者的思想,可以归结为四个字,即"阶级革命",这不但反映在他们的理论著作中,同时也体现在共产党人的革命实践中。

(二)马克思主义社会学者对于改良派农村社会调查与解决农村问题的批判

资产阶级社会学者进行了大量的社会调查,开展了轰轰烈烈的社会调查运动。自1918年陶孟和发表《社会调查》一文,至1937年抗战爆发,历时20年,其影响超出社会学,扩大到一般知识界。尽管如此,马克思主义社会学者并不认为中国的欧美派社会学者已经完成的各种调查有什么价值。陈翰笙在调查之前确定农户的分类方法时,没有采用传统社会调查的分类法。他认为改良派对农户的分类方法并不能反映农村真实的生产关系,实际上是掩盖了农村土地分配不公的现象。马克思主义者主张根据所有田地的多少、所种田地的田权关系、从事农业劳动的雇佣关系三个标准,将农户分为五类:一类是拥有大量土地,将土地出租并收取地租的地主;二类是种地较多,自己参加耕种,但大部分农业工作由雇工担任的富农;三类是既不雇人耕种,也不出雇于人的中农;四类是耕地不足,或租田耕种,兼事出雇于人的贫农;五类是绝无田地,仅靠出卖劳力替人耕种或受雇于农业相关行业的佃农。采取新型分类方法,经过深入的农村调查,中国马克思主义学者提出了这样一个论断:农村土地的分配极不平均。特别是大地主和富农,以地租、高利贷、经营商业等方式剥削贫雇农,造成农业生产衰落,农民迅速无产化[1]。这是中国农村最深重的危机。

解决中国农村问题,不能单考虑技术因素,一定要从社会组织上重新构造农村,这是马克思主义者当时的一个整体思路。欧美社会学派对于农村问题也有各种观点:以梁漱溟、晏阳初为代表的“乡村建设”;以吴景超为代表的主张发展都市来救助乡村;20世纪40年代以费孝通为代表的发展“乡土工业”。然而,在马克思主义者看来,以上办法都是治标不治本,都不足以解决中国的问题。他们认为,一切乡村改良主义运动都有一个共同的特征,即都以承认现存的社会政治机构为先决条件,其工作是在维持、巩

❶ 陈翰笙. 现代中国的土地问题[M]//陈翰笙. 解放前的中国农村:第2辑,1989,81-82.

固、复兴旧的社会秩序。中国农村的问题若从教育和技术方面着手,就等于病入膏肓的患者,光吃些补药是不行的,必须铲除使中国农村崩溃的根本因素❶。解决问题的途径也只有一个,那就是以革命手段,实行农村生产关系的彻底改造。实质上,这是马克思主义同欧美社会学在农村问题上的根本区别之所在。

马克思主义学者进一步批驳乡村建设的理论基础。他们针对晏阳初提出的"愚穷弱私",认为那只不过是中国社会四个病态的现象,而非病源。"愚"仅指农民欠缺文字教育,而文字教育不发达的根源在于"穷"。"弱"是指新式卫生事业和医药设备落后,其实还是"穷"的问题。"私"实质上是中国农民的一种自我保护手段。只有"穷"是中国农村一个极重要的问题,但这并非农民的过错,而是地主、高利贷资本及商人资本三位一体剥削的结果,是帝国主义及封建势力造成的。因此,正中华平民教育促进会(简称,"平教会")❷只能对中国农村进行枝枝节节的改良,而对大势无补,解决不了农村的问题。另一位遭到马克思主义学者严厉批评的乡建派代表人物是梁漱溟。千家驹针对梁氏的"文化失调说"提出,文化的破坏不过是政治与经济两种破坏力量的结果,一个社会的法制礼俗是由该社会的经济基础决定的,一定的社会经济制度产生相应的法制礼俗。

总之,马克思主义学者认为,乡建派对中国社会的认识是根本错误的,其整个哲学基础也是错误的,是一种"乌托邦"。更进一步说,中国应该走工业化或农业化道路,应以工业来促进农业发展,或以农业来促进工业发展,在他们看来这是一个形式逻辑的问题,无大意义。他说:"平教会的工作本身包含着一种不能解决的矛盾,他们想不谈中国社会政治的经济的根本问题,但他们所要解决的却正是这些根本问题……如果我们不从这些根本问题上着眼,结果岂止实验自实验,破产自破产,而且有一天破产的浪潮会把实验的一点点基础,也打击的粉碎呢!"❸千家驹对平教会的批判,代表

❶ 孙冶方. 为什么要批评乡村工作[J]. 中国农村,1934(2):23,25.

❷蒋伟国. 抗战时期平教会的农民抗战教育[J]. 民国档案,1996(01):120-122.

❸ 千家驹. 中国的歧路——评邹平乡村建设运动[J]. 中国农村,1935,1(7):4.

了马克思主义学者对当时改良主义运动的态度。

（三）西方社会学派对马克思主义学派的排斥

西方社会学与马克思主义一传入中国就形成了两个阵营。1949年以前，西方社会学是学院派，占据主流位置，尤其是在高等学校中，马克思主义社会学派处于受压制的“边缘”地位。而且，以改良的立场面对马克思主义社会学，学院派社会学者表现出的态度多是完全拒斥。

欧美社会学派对于马克思主义社会学的拒斥首先体现在学派划分上。中国社会学史上对中国社会学流派的区分，因标准不一，结果也不尽相同。其中以孙本文、赵承信、杨堃三人的区分最具代表性。1948年，孙本文著《当代中国社会学》，该书由于在时间上已接近中国近代社会学的尾声，故基本可以看作1949年以前中国社会学发展史的总结之作。孙本文在凡例中声明，“本书以叙述纯正的社会学理论与应用各部门为主，凡涉及宣传性质的作品，概未列入；本书认为唯物史观的著作不属于纯正的社会学，故凡从此种史观所编的书籍概从割爱”[1]。这样一部在当时来说被视为是中国社会学发展的总结性作品，依然将马克思主义社会学排斥在外，说明1949年以前学院派社会学与马克思主义社会学作为对立阵营存在的局面是贯穿始终的。显而易见，马克思主义学派被赵承信排斥在主流社会学之外。留法出身的杨堃在1941年为国立北京大学法学院社会学课程所写的讲义《社会学大纲》中，将中国社会学分为美国文化学派、马克思主义学派、法国涂尔干学派、美国人文区位学派以及英国功能学派五大学派。杨堃的这种分类方法主要是依据地缘与师承关系而划分的。这些学派中除了马克思主义学派中主要以国内学者为主外，其余几个学派都是以留学欧美的留学生组成。杨堃揭示出留美生与留英生之间关系亲密，留法生与留美生之间一直存在着趋同与冲突。尽管学院派之间也存在着微妙的关系，但可以看出学院派社会学与马克思主义社会学是对垒分明，界限清楚。

---

[1] 孙本文．当代中国社会学[M]．北京：商务印书馆，2011.

马克思主义社会学以及其学者常常遭受排挤是其受到排斥的另一表现。在国民政府辖区，研究、传播马克思学说的活动被看成一种叛逆行为，难以为当时的政权和主流学界所接受。20世纪20年代开始，几所大学出现了左派社会学家，并开展了马克思主义社会学的教育与教学活动。其中，以上海大学最具代表性。1949年以前，上海大学社会学系是唯一的一个以传播马克思主义学说为目的的高校社会学系。马克思主义社会学以上海大学为中心，取得了初步的发展。在上海大学各院系中，规模最大、最活跃的是社会学系，系内学生占全校的60%。社会学系除了在课堂上学习马克思主义理论，还组织参观工厂、农村。其中，相当一批人热衷于参加政治活动，在"五卅惨案"中表现活跃❶。但这所大学随着国共合作的破裂，于1927年被迫关闭。马克思主义社会学者邓初民、许德珩等在高校任教的经历也是很曲折的，他们在高校讲授辩证唯物论与历史唯物论，都很受学生欢迎，但都为期不长，很快即遭解聘。

1927年作为分水岭，马克思主义社会学被排斥和打击，退出高等教育。与此同时，随着清党运动的展开，学院派社会学者也纷纷划清界限，划清社会学之为一门科学，与社会主义和其他激进主义的界限。有一个社会学系的主任，在文章里对有人把社会学混作社会主义而表示愤慨，并说："某国立大学的社会教员，自命是社会学大家，而他在对一年级讲社会学入门时尽讲马克思、克鲁泡特金等的学说，简直当作社会主义，幸喜我国长官很不管事，不然把所有的社会学家当作社会革命家，我们要进监狱了。"❷学院派对马克思主义社会学所持的这种态度，还体现于大学的社会学教学、专业性学术团体的创建以及专著的撰写中。孙本文在《社会学原理》一书的总结章中，强调了社会学与社会主义、唯物史观的根本不同。孙本文否认马克思主义社会学作为科学的存在，只承认社会主义、唯物史观为"一种主张""一种主观见解"。孙本文的观点代表了大多数学院派学者的意见。

---

❶ 佚名．阳翰笙同志谈20年代的上海大学[J]．社会，1984(3)：3-6.

❷ 杨雅彬．中国社会学史[M]．济南：山东人民出版社，1987：327.

比如赵承信认为马克思主义社会学并非正宗,“布尔乔亚社会学才是中国社会学的正宗”,从而对中国社会学做出划分;中国社会学社对“纯粹学术团体”的强调;孙本文在《当代中国社会学》凡例中剔除马克思主义社会学等,全是这一观点的延伸。

在解释当时社会学界对马克思主义社会学的这种排斥,雷洁琼这样说:“我们老一辈没有运用马列主义的立场、观点、方法来研究和教授社会学,这也是一个时代的情况。当时马克思主义理论根本就上不了讲台。”[1]雷洁琼强调了客观的历史背景与环境,但这只是问题的一部分。更重要的原因还在于学院派社会学对马克思主义社会学的学科认知。以留学生为主体的学院派社会学阵营所持的改良立场与马克思主义学者的革命立场是截然对立的,这种对立体现在学科上的一味排斥与否定也就不难理解了。总之,“马克思主义社会学同欧美社会学派,不论是对社会的一些基本概念,还是对中国问题的认识解决方法上,都有截然不同的观点。若从社会学学科的发展来看,当时占主流的是欧美社会学,尤其在高等学校中,马克思主义社会学处于受压制的‘边缘地位’。但是,随着共产党取得全中国的政权,这两者的关系便发生了根本性的变化”[2]。

---

❶ 雷洁琼. 纪念著名社会学家吴景超教授学术思想讨论会上的讲话[M]//吴景超. 唐人街——共生与同化. 筑生,译. 天津:天津人民出版社,1991:7.

❷ 阎明. 中国社会学史——一门学科与一个时代[M]. 北京:清华大学出版社,2010:247.

第三章　新中国成立后中国社会学对本土化的探索

1949年10月1日，中华人民共和国的成立，标志着中国社会从此进入了一个新的发展阶段，中国社会与国家性质也发生了根本的变化。这场全面深刻的社会变革，体现在中国社会科学领域里就是开始运用马克思主义的立场、观点与方法全面清理和改造旧中国的社会科学遗产。这场清理与改造，对社会学命运的影响是决定性的。如果说，1949年前中国社会学的发展在一定程度上是受学科内在因素所左右的话，那么自1949年开始，社会学的生存处境同外在的社会政治因素更加紧密地连接在了一起。

第一节　改造——新中国成立初期中国社会学的特殊本土化

中国社会学并非新中国成立后就被立刻取消，而是经历了一个过程。1949年9月，各高校开学时，一切如常。在课程方面，各高校都取消了国民党党义及六法全书等课程，将“辩证唯物论与历史唯物论”“新民主主义论”等列为必修课。面对社会生活方方面面的巨大变化，社会学工作者“希望尽快地翔实地把已宣告崩溃却还未彻底灭亡的旧社会的真实材料掌握起来，以便有效地为新社会服务，也从这些工作中改造自己，并在认识提高的基础上，学习接受马克思主义社会学的传统，改造社会学这门学科”[1]。

一、对社会学工作者的改造

大致上说，20世纪50年代初期，知识分子的状况可归纳为四类：第一类是深感自己跟不上时代，因此努力学习，主动改造自己；第二类是感觉到自己旧的一套已不能应付形势，不得已用马克思列宁理论来做外衣，而里面的内容还是空的；第三类是单纯技术与业务观点，不过问政治；第四类是有抗拒的心情。

费孝通、严景耀、翁独健、赵承信等社会学家属于第一类，被授予“进步教授”的称号。1949年9月，新学期开始后，各高校的课程中增加了“新民主主义论”“辩证唯物论”“政治经济学”“社会发展史”“中国近代革命史”等课程。这些政治课采取教师与学生一起学习讨论的形式，目的在于改造思想，确立马克思列宁主义世界观，所以称作“上大课”。费孝通作为“进步教授”之一，在清华大学担任“大课”教员，讲授“辩证唯物论与历史唯物论”。严景耀、翁独健、赵承信以及新聘的马克思主义历史学者翦伯赞、经济学者沈志远分别担任上述政治课程的讲授任务。

费孝通是一位主动适应新社会的社会学家。他亲眼目睹社会上的新气象，感到自己没有离开北平是对的。他在解放初期与共产党员和青年团员一起工作，为群众服务，感到非常愉快。1949年初，他乘车去石家庄拜会毛泽东，在路上看到深夜赶车运粮的老百姓的车队非常有秩序，他由衷地感到新政权的创造力是巨大的，他看到了东方的一条崭新的道路。费孝通进而反思自己追求民主的心路历程。他看到共产党勇于承担责任，也有处理复杂问题的能力，为人民的利益努力工作，他的思想发生了转变。他看到参加人民代表大会的代表来自各行各业，是真正意义上的代表，他以前以

[1] 王康. 社会学在中国[M]//王康，等. 学步集——社会学在中国. 天津：天津人民出版社，1983：23.

为有选举、有反对党才是民主的思想发生了改变，他逐渐接受共产党提出的民主与专制是可以并存的，他认识到这就是辩证地看问题[1]。

另一位努力适应新社会的社会学家是陶孟和。新中国成立后，陶孟和被任命为中国科学院副院长，也是四位副院长中唯一一位具有社会科学背景的。陶孟和在《庆祝〈毛泽东选集〉第一卷出版》一文中提出，毛泽东是一位将理论与实践相结合的马列主义的社会科学大师。1950—1951年，陶孟和发表多篇文章批判旧科学的缺陷，如机械唯物论；保守、维持原状，从而维护统治阶级的利益；脑力和体力劳动分离，理论脱离实际；科学研究的组织缺乏统筹和计划等。他主张以苏联的科学发展为榜样。

1950—1951年，随着新政权逐渐稳固，各项改革便以社会运动的方式更加迅速地展开。通过参加几次大的社会运动，如抗美援朝、土地改革、思想改造，社会学及社会学者或主动或被动地接受了初步的改造。

1951年2月12日，燕京大学作为教会主办高等教育的典型被教育部接管，之后，燕京大学迅速开展肃清美帝文化侵略影响的运动。此后，燕京大学、辅仁大学、金陵大学、齐鲁大学、圣约翰大学、沪江大学、之江大学、震旦大学和岭南大学等教会大学相继被取消，同美国教会传统联系密切的社会学系也随之被取消。

中国的第一代社会学者，因个人背景差异，所显现的政治观点不尽相同。从总体上看，他们这一批人，受中国传统文化的浸染，对国家、民族抱有强烈的责任感、使命感，因此，在新中国初始的知识分子思想改造中，他们大部分都是能够理解和接受马克思主义世界观的。经过思想改造和院系调整后，对于原社会学者，各有关院校大致按个人专长，重新分配了工作：吴文藻、潘光旦、吴泽霖及费孝通（1951年）去中央民族学院；严景耀和雷洁琼到北京政法学院；陈达、吴景超、李景汉、赵承信等先去中央财经学院，后到中国人民大学。1956年，中央劳动干部学校成立，陈达、袁方则转

[1] 费孝通．我这一年[M]．北京：三联书店，1950．以上内容是根据费孝通《我这一年》中的内容整理而成。

去该校工作。上海复旦大学社会学系取消后，言心哲转到上海华东师范大学教育系担任翻译；孙本文到南京大学地理系任教；史国衡则完全脱离了教学岗位，在清华大学担任总务工作。

二、对社会学的“改造”

社会学系的存废，自新政权成立后便成为一个极具争议性的话题。1949年10月21日，中央人民政府教育部宣布成立，于11月17日召开华北区及京津19所高等院校负责人会议，讨论高等教育改造方针。会议参照华北人民政府高等教育委员会10月11日颁布的《大学专科学校文法学院各系课程暂行规定》，对文学、历史学、哲学、经济学、政治学、法学、教育学七个系的任务、基本课程和选修课程的改革方案作了规定，社会学没有被列入[1]。由此，大家推测社会学系可能要被取消了。此时，费孝通并不知道政府的既定方针，但和许多同事一样感到问题的严重性。当时的清华大学、燕京大学、辅仁大学三所大学的社会学系派代表一起开会商量，提出了一个“共同意见”，1950年3月费孝通据此写了《社会学系怎样改造》一文，说明社会学的性质及对中国的影响，为社会学系和社会学的生存阐述理由和提出课程改造方案。费孝通认为，社会学系与其他社会科学相比有其特殊性，其改造也有特殊性。鉴于它改造的复杂，因而“需要更深入的研讨，甚至需要更大规模的改造”；鉴于它与资产阶级不是“正面结合的”，因而其课程的改造，没有其他社会科学那样严重，也没有其他社会科学各系的急迫需求。社会学需要改造，也就是逐步淘汰那些非马列主义的成分，“改造到最后必须完全是科学的社会学，也就是马列主义”[2]。费孝通在1949年6月至1950年5月写了多篇高校教育改革的文章，直接或间接谈到关于社会学

---

[1]《中国教育年鉴》编辑部. 中国教育统计年鉴（1949—1981）[M]. 北京：中国大百科全书出版社，1984：250.

[2] 费孝通. 社会学系怎样改造[M]//费孝通. 费孝通全集：第6卷. 呼和浩特：内蒙古人民出版社，2010：345.

系改造的有不少文字，言辞坦诚，但也有婉转之语。费孝通坚持社会学需要改造，但不能取消的思想，这是当时多数社会学者共同的心声。

在此期间，高校中社会学系的教师们做了种种努力，想保住这个系。他们尝试运用马列主义特别是阶级分析的观点，主动从思想上批判资产阶级社会学，但在否定时又肯定其价值。他们承认马克思和列宁批判孔德的社会物理学和斯宾塞的社会有机体论，其实社会学者也并未全盘接受这些理论，只是在批判这些理论时，未能用马列主义的观点认识这些学说的反动性质。为了积极地参与改造，清华大学社会学系师生定期连续地举行多次讨论会，他们首先阅读《毛泽东选集》，并交流学习经验。其次，他们研读毛泽东在《农村调查》一书里所提出的调查方法，与本系过去所做的社会调查作比较，反省过去的调查工作存在的不足。同时，他们试图开展新的调查活动。1950年暑期，社会学系获得北京市政府的批准和赞助，动员了10多名教员与学生，在北京城内进行特种手工业的调查研究。通过以上一系列活动，使大家取得共识，认为今后的社会学系必须采用马列主义的观点和方法，站在无产阶级立场上，来分析当前中国的社会问题❶。1950年5月27日晚，由民盟文教文员会和光明日报社在清华大学组织召开了"高等教育问题座谈会"。会议由张冬荪主持，出席的27人都是燕京大学、清华大学、北京大学等高校的教授、系主任、院长、校长等，其中包括社会学家潘光旦、费孝通、雷洁琼、严景耀等。在座的大多数学者认为，尽管教育要同政治、经济、文化建设相配合，但不能太狭窄。高教改革不能操之过急，应该逐步进行，不能立刻破旧立新。大学改造主要是在原则性的指导下，靠教师们自动自发地去创造经验❷。

1950年6月，中国第一次全国高等教育会议召开，讨论高等教育的方针、任务、课程改革、教材等问题。中国政府当时原本计划在全国高等教育会议之后，立刻进行大幅度的高教改革，但鉴于上述大多数高校教师的反

---

❶ 胡庆钧. 清华大学社会学系的改造[M]//费孝通，等. 旧人物的改造. 上海：通俗文化出版社，1950：24-29.

❷ 阎明. 中国社会学史——一门学科与一个时代[M]. 北京：清华大学出版社，2010：297.

对，不得不暂时停止。社会学学科也随之暂时得到保留。但旧的高等学校教育制度必须改革，新的高等学校教育制度必须建立，这些行政主旨是不可抗拒的。1952年起，高等学校院系调整工作全面开始进行。到1952年年底，全国3/4的高校进行了院系调整和专业设置工作。1949年新中国成立前，中国高校有社会学系20个，另有与社会学相关的家政系5个。经过这次院系调整，只保留了中山大学及云南大学的两个社会学系，其他的社会学系及相关学系都被取消了[1]。1953年，教育部对高校院系作了进一步调整，在这次调整中，仅存的中山大学与云南大学两个社会学系也被取消了。同年，中国科学院的社会研究所更名为经济研究所，与社会学脱离了关系。

由于新中国成立初期中国社会科学的学术活动基本上都是依托各大学进行的，不像今天还有各级社科院系统从事学术研究，因此，高校社会学系的撤销与合并意味着中国社会学学科建设与学术研究的完全中止，中国社会学由此进入了中断时期，这是中国社会学在其发展史中遭遇的巨大挫折，对学科和社会经济发展造成的损失难以估量。

三、撤销社会学的原因分析

院系调整后，社会学从中国的高等教育和科研机构中被撤销了。是什么原因造成这种现象发生的呢？尽管这个事件已经发生了半个多世纪，但作为社会学者，我们有责任去反思这段历史，并分析社会学被取消的深层原因。

（一）社会学自身的原因

众所周知，新中国成立前，中国社会学一直沿着两条路线发展，即主张改良主义的孔德系社会学与主张革命的马克思主义社会学。1949年以前，

[1] 郑杭生，李迎生．中国社会学史新编[M]．北京：高等教育出版社，2000：176.

孔德系社会学居于正统地位，对马克思主义社会学持排斥与蔑视的态度，视社会革命为“变态的变迁”，阻碍马克思主义在中国的传播。在高校中，排挤和打压马克思主义社会学及社会学者，无视马克思主义社会学的科学性，将其拒斥在大学之外。即使在中国革命取得胜利之际，一些资产阶级社会学家仍然主张走第三条道路，用改良主义的主张对抗社会革命。另外，马克思主义社会学一直以来对孔德系社会学持鲜明的批判立场。新中国成立前两个学派的学术分歧随着新中国的建立变成了根本上的政治对立，并构成对学科生存的威胁。随着新民主主义革命的全面胜利，人们对于孔德系社会学进行怀疑与批判的同时，唯物史观更加引起社会各界的认可和重视。社会各界感到，主张改良主义的“正统”社会学理论未能有效地说明中国发展的现实，认为传统理论“搞错了”。继而对这种孔德系社会学理论产生怀疑与批判，同时，自然把目光转向马克思主义社会学，并以之取代前者在大学的正统地位❶。然而，包括马克思主义社会学者在内的主流界当时没有正确区分唯物史观与马克思主义社会学的关系，没有认识到马克思主义社会学的两种形态❷，误以为唯物史观就是马克思主义社会学，中国不需要社会学，有唯物史观就够了。所以说，解放初期，知识界产生的“两个误识”❸是社会学被取消的内在原因。

（二）对苏联高等教育体制的简单模仿

20世纪30年代的时候，苏联将产生于西方的哲学、社会学、心理学等一概斥为“反动的”“腐朽的帝国主义的意识形态”，认为“马克思主义社会学就是历史唯物论”❹，从此苏联取消了社会学。1949年以后，新中国在外交

❶ 郑杭生，李迎生．中国社会学史新编[M]．北京：高等教育出版社，2000：176-177.

❷ 即郑杭生先生提出的马克思主义社会学的革命批判形态与维护建设形态，直到20世纪80年代初这个观点的提出，中国社会学界才真正区分了唯物史观与马克思主义社会学的关系，也才弄明白了中国社会学应该恢复重建的是马克思主义社会学。

❸ “两个误识”：一个是把社会学狭义地理解为就是西方资产阶级社会学，这是对社会学的窄化；另一个是误把唯物史观与马克思主义社会学等同起来，对马克思主义社会学缺乏深刻理解。

❹ 刘豪兴．社会学概论[M]．北京：高等教育出版社，1992：61.

政策、管理经验、高等教育体制等方面选择了仿照苏联。苏联专家把他们取消社会学、社会学就是历史唯物论的观点作为经验传授给中国。

(三)主流舆论界认为社会学者的理论学说不能正确认识中国社会

主流舆论界认为,中国共产党依据马列主义原理取得了革命的胜利,而社会学者提出的各种理论学说及调查成果,却未能改善中国人民的社会生活,这难道不能说明前者对中国社会把握得更准确吗?当时主流舆论界普遍认为现在的社会形态已经从根本上发生了改变,从前社会学所探讨的题目,现在已经完全没有意义,传统社会学无法正确认识中国社会,更是不能解决中国社会问题,故已经没有存在的必要了。在20世纪50年代,不但主流舆论界持这种观点,就连不少社会学者也接受了这种看法,而这正是社会学遭到否定的重要原因之一。

第二节　取消期的中国社会学

从1952年院系调整到1979年社会学恢复重建将近30年的时间里,中国的社会学研究处于停滞状态,社会学学科也被全面取消。然而,在这段特殊的日子里,社会学工作者并未完全放弃对社会学的希望和憧憬,尤其是在1956年"双百"[1]方针提出之后,社会学者们逐渐在各种场合表达了不同意取消社会学,并提出恢复重建社会学的问题的意见。

一、社会学的重提

随着"双百"方针的提出,当时国内的政治环境逐渐宽松,社会学者们对于取消社会学问题进行了广泛、公开的讨论,并组织了一系列活动,力求

[1] 1956年到1957年上半年,中共中央针对知识分子问题,提出了"百花齐放,百家争鸣"和"长期共存,互相监督"的方针政策,形成了一个比较宽松的政治环境。

政府尽快恢复社会学。在国际上,1956年10月19日,苏联《真理报》报道了关于国际社会学第三次会议的情况,苏联和东欧社会主义国家出席了这次会议;1957年刚好也是社会学创始人孔德逝世100周年。在国内和国际环境逐渐变好的背景下,中国社会学者认为恢复社会学的时机已经成熟。1957年1月至6月,社会学者们进行了一系列试图恢复社会学学科的活动:

1957年1月,吴景超率先发表《社会学在中国还有地位吗?》一文;

1月16日,陈达在北京市第二届人民代表大会第一次会议上,提案设立社会调查研究机构;

1月18日,中宣部科学处召开社会学座谈会,主要讨论关于社会学的各流派及社会学在资本主义国家近来发展的情况,参加座谈的有陈达、吴文藻、吴景超、李景汉等社会学家;

2月15日,在陈达家中召开人口问题研究座谈会;

3月7日,陈达、陶孟和、吴景超等联名向全国政协委员会提出,成立以研究人口问题为中心的调查研究机构,并在高校开设人口课程或设置人口专业;

3月10日,袁方在全国总工会召开的座谈会上发言,批评上级领导对劳动科学不重视;

3月12日,费孝通在中共中央召开的宣传工作会议上发言,肯定旧社会学的作用,主张"修桥补路",连接旧社会学;

4月10日,《新建设》杂志社召开座谈会,邀请二十多位社会学者,就开展社会学研究的有关问题进行讨论;

4月23日,中科院哲学社会科学部举行座谈会,决定筹建"社会问题研究工作委员会"。次日,《文汇报》和《光明日报》刊载报道,称科学院已成立"社会学工作委员会"。全国各地的社会学者纷纷写信给陈达、费孝通等,或表示祝贺,或要求参加工作,或询问在地方上应如何开展社会学研究等问题;

6月9日，在陈达家中召开社会学工作筹备委员会第一次会议，会议通过成立社会学工作委员会，推举陈达担任主任委员；

6月中旬，在国务院科学规划委员会上，陈达提出人口问题研究计划[1]。

在以上活动和会议中，社会学者们就相关问题进行了广泛、深刻的讨论，甚至在某些问题上还有激烈的争论。他们主要讨论如何对待旧社会学学科与旧社会学学者，新社会学的研究对象，重新组织、建设这门学科的步骤方法等问题。在讨论中，对于究竟是要建立马克思主义社会学，还是要恢复资产阶级社会学，人们的意见出现了分歧。雷洁琼认为，不是要恢复资产阶级的社会学，而是要创造马列主义社会学。费孝通主张，先不讨论社会学和历史唯物主义有无区别，甚至要不要社会学这个名称都不重要。先从实际的社会调查入手，不妨采取一个问题一个问题逐步开展的方法，积累资料，有了资料再作计较，再来系统化。在讨论关于成立社会学系的问题上，费孝通认为当时条件尚不成熟，可暂缓考虑。但陶孟和则主张，要恢复社会学，必须在各大学成立社会学系，培养学生。吴文藻也积极主张北京大学成立社会学系，并愿意担任系主任。在讨论教学大纲时，吴景超主张以历史唯物主义作为基础课，吴文藻表示不同意，认为社会学不等于历史唯物主义。

以上的讨论主要是围绕关于社会学恢复重建的问题。随着政治环境的逐步宽松，社会学者不满足于只是关心学科的发展命运，更将焦点转向了管理体制和人才培养机制等同政治密切相关的问题上。可以说，在“双百”期间，大部分社会学者所提出的问题，真实地反映了新中国成立后尤其是社会学被取消后很多高校及科研机构普遍存在的问题。正当社会学者们热情高涨地谋划恢复社会学的时候，一场铺天盖地的“反右运动”开始了。从此，社会学在中国，成了无人敢问津的领域，一直到1979年。

---

[1] 袁方. 要搞马克思主义，不搞资产阶级社会学——有关五七年在党领导下开展社会学研究的一些情况(打印稿)，1979年3月.

二、社会学中断期的社会学家

1952年开始的社会学院系调整，最终结果是导致社会学学科被完全取消。1952年院系调整时，对于原社会学者，各有关院校大致按照个人专长，重新分配了工作，前文已有介绍,在此不再赘述。

陶孟和1949年参加新政协。中华人民共和国建立后被任命为中国科学院副院长，并一直任政协委员。陶孟和一生致力于社会科学调查和研究的组织工作，对中国社会科学和文化教育事业以及为培养研究人才,做出贡献。1960年4月他抱病赴沪参加中国科学院会议，因操劳过度，心肌梗塞症复发，不幸病逝于上海。[1]终年72岁。

潘光旦在1957年以后，从事少数民族史料的搜集整理工作。1959—1964年，他从《二十五史》《资治通鉴》《史记》《竹书纪年》等古籍中，将有关少数民族的史料圈点和抄录出来，完成资料卡片四五千张，并翻译了达尔文的《人种由来》。于1967年6月10日在北京逝世，享年68岁。

吴景超在社会学被取消后，仍然忠心爱国，坚持做全国调查，写出《搞活区域经济》一文提交政协讨论。[2]于1968年5月7日因肝癌去世，享年67岁。

陈达在院系调整和搬到北京西城区居住后，已不再有教课任务，刚好把精力全部用在研究当中。约150万字的《抗日战争和解放战争时期工人运动史》，就是这时期写成的重要著作之一。[3]他是1975年1月16日早晨因心脏病发作，突然逝世的，享年84岁，逝世的前一天还在照常工作。

1952年，上海复旦大学社会学系被取消后，言心哲转到上海华东师范大学教育系担任翻译工作。1977年春季，在北京举行社会学座谈会，同时成立了中国社会学研究会，言心哲被聘为顾问。1979年秋季，上海社会学学会成立时，言心哲亦为顾问。1979年10月，被聘为上海社会科学院社会学研

❶彭泽益.社会学家传略——陶孟和[M]//中国社会科学院社会学研究所.中国社会学年鉴(1979-1989).北京：中国大百科全书出版社，1989：345.

❷孙敦恒.潘光旦[M]//清华大学校史研究室.清华人物志(二).北京：清华大学出版社，1992：241.

❸袁方，全慰天.社会学家陈达[J].社会科学战线，1980(2).

究所特约研究人员。[1]于1984年2月11日，言心哲在上海逝世，享年87岁。[2]

1951年，燕京大学社会学系取消，分建民族学系和劳动学系，赵承信大力筹建劳动学系，并顺利地招生开课。1952年秋，全国高等教育实行院系调整，他作为燕京大学法学院院长，做了大量的工作。[3]1959年，赵承信癌症突发，与世长辞，终年52岁。赵承信去世后，遗体献给医院解剖以探查癌变转移情况，为祖国医学的发展做出他的最后贡献。

李景汉一直身体不好，却有幸长寿。1949—1952年，任辅仁大学社会学系主任，并在北京大学兼课。1953年后，先后任中央财经学院、中国人民大学和北京经济学院教授。中国人民大学复校以来，任中国人民大学计划统计学院教授。[4]李景汉1986年逝世，享年92岁。[5]

综合学派的集大成者孙本文，从1943年开始就在中央大学社会学系任教，直到1949年以后，社会学系被取消为止。1949年后，孙本文改任南京大学地理系教授，讲授统计学、国民经济计划等课，后改任哲学系教授。社会学系停办后，他又在哲学系讲授资产阶级社会学批判一课，连续撰写了《帝国主义时代资产阶级社会学的思想内容及其对旧中国的影响》《批判我旧著<社会学原理>的资产阶级思想》等文。孙本文并积极为中国人口问题提供改进主张，写了《八亿人口是我国最适宜的人口数量》。晚年，他在病中撰写《论我国人口计划问题》。[6]孙本文1979年1月去世，终年88岁。

吴泽霖原任清华大学社会学系教授，专攻少数民族问题。1952年以后，他到位于成都的西南民族学院工作。1986年，吴泽霖以89岁高龄加入中国共产党。1987年10月，中南民族学院、湖北省社会科学界联合会、湖北省社会科学院在武昌南湖之滨联合举行了吴泽霖教授执教60周年暨90寿

---

[1]言心哲.言心哲自传[J].晋阳学刊，1982(4).

[2]《社会》资料室.我国老社会学家言心哲先生逝世[J].社会，1984(2).

[3]周传南.社会学家——赵承信[J].中国人民大学学报，1991(1).

[4]杨榴红.社会调查学家——李景汉[J].中国人民大学学报，1989(1).

[5]阎明.中国社会学史——一门学科与一个时代[M].北京：清华大学出版社，2010：348.

[6]陈定闳.社会学家传略——孙本文[M]//中国社会科学院社会学研究所.中国社会学年鉴.北京：中国大百科全书出版社，1989：334—335.

辰庆祝会，中华人民共和国国家民族事务委员会、中国社会科学院、北京大学、清华大学、南开大学等单位和团体发来了贺信贺电，冰心、冯友兰、周培源、雷洁琼、费孝通、钱伟长、戈宝权等好友及门生也寄来了贺词。[1]吴泽霖于1990年去世，终年92岁。

吴文藻于1953年到中央民族学院工作，先后任中央民族学院研究部国内少数民族情况教研室主任和历史系民族志教研室主任。吴文藻于1985年去世，家人将其生前存款3万元人民币捐献给中央民族学院，作为社会民族学专业研究生的助学金。[2][3]

1952—1957年，费孝通任中央民族学院副院长、中国科学院哲学社会科学学部委员。1955年，到贵州进行民族识别，参加少数民族社会历史调查。1959年4月被选为全国政协委员。1961年11月，罗德莱出版公司去信给费孝通，称《中国农民的生活》一书已经售罄6年之久，希望重印，征求费孝通的意见。费孝通回信说，鉴于此书是近四分之一世纪以前的旧作，而中国社会已经历巨变，所以不值得再重印了，并希望出版社结清版税。出版社则答复，费孝通的著作已经被国际人类学界公认是研究中国乡村生活的一部代表作，出版社已经将之重印，并提议他再写一部新的著作，反映农民在社会主义社会所经历的变迁。[4]

1979年，费孝通复出，主持了中国社会学的重建工作，担任中国社会学会会长，创立中国社会科学院社会学研究所，组织社会学讲习班，培养师资。1981年，在其多年前的老师兼老友英国人类学家佛思(Raymond Firth)的推荐下，他应邀在英国皇家人类学研究所的“赫胥黎纪念讲座”发表演讲，并荣获“马林诺夫斯基奖”。费孝通在政治上也很活跃，担任了全国人民代表大会副委员长职务，他曾提出的发展“乡土工业”和小城镇主张，受到中

---

❶钟年.记著名社会学家、人类学家吴泽霖先生[J].武汉文史资料，2000(2).

❷冰心.我的老伴——吴文藻[M]//吴文藻.吴文藻人类学社会学研究文集,北京：民族出版社，1990:15-17.

❸吴冰.教育原来在清华——追忆我的父亲吴文藻[J].书摘，2000(12):36-39.

❹阎明.中国社会学史——一门学科与一个时代[M].北京：清华大学出版社，2010：348-349.

共中央的重视，在国家的现代化建设中发挥了作用。2005年4月24日费孝通在北京逝世，享年94岁。

第三节 马克思主义社会学在中国的确立

马克思主义社会学在1949年以前处于“非主流”的地位，受到了“学院派”的排挤和蔑视。新中国成立后，由于未能正确认识历史唯物主义与马克思主义社会学之间的关系，导致社会学被完全取消。在1952年院系调整后至1979年社会学恢复重建前的27年时间里，社会学在中国被全面禁止，无人敢问津，成为学术禁区。1978年以后，随着“四人帮”被粉碎，中国共产党第十一届三中全会的召开，中国社会学开始步入恢复与重建进程。

一、马克思主义社会学在中国的恢复

1979年3月15至18日，全国哲学社会科学规划会议筹备处在北京召开社会学座谈会，会议代表60余人。时任中国社会科学院院长胡乔木代表党中央作重要讲话，指出用粗暴方法禁止社会学的存在、发展与传授是错误的。会议决定恢复与重建社会学，并成立中国社会学研究会（后改为中国社会学会），选举出由50人组成的理事会，推举费孝通为会长，会议推进了社会学的恢复与重建工作。

1979年3月30日，邓小平在党的理论工作务虚会上发表讲话。邓小平指出：“实现四个现代化是一项多方面的复杂繁重的任务，思想理论工作的任务当然不能限于讨论它的一些基本原则……列宁号召多谈些经济，少谈些政治。我想，对于这两方面理论工作的比例来说，这句话今天仍然适用。不过我并不认为政治方面已经没有问题需要研究，政治学、法学、社会

学以及世界政治的研究，我们过去多年忽视了，现在也需要赶快补课……我们已经承认自然科学比外国落后了，现在也应该承认社会科学的研究工作（就可比的方面）比外国落后了。我们的水平很低，好多年连统计数字都没有，这样的情况当然使认真的社会科学的研究遇到极大的困难。因此，我们的思想理论工作者必须下定决心，急起直追，一定要深入专业，深入实际，知己知彼，力戒空谈。现代化靠空谈是化不出来的……承认落后才能克服落后。应当指出，所以形成这种落后状况，责任首先在于中央和各级党委对于思想理论工作的领导方法不对，禁区太多，关心和支持太少。今天我代表中央向大家作自我批评。今后要求从中央起，各级党委一定要把思想理论工作放在正确轨道和重要地位上。”[1]

1979年9月19日，上海市社会学会成立。这是恢复社会学以来成立的第一个省市级社会学会，之后，其他各省市区社会学会陆续成立。

1980年1月18日，经国务院批准，中国社会科学院设立社会学研究所，费孝通任所长。这是恢复社会学以来成立的第一个社会学研究机构。随后，各省市区级社科院逐步设立社会学研究所。

1980年4月，上海的复旦大学分校（后改名为上海大学文学院）设置社会学系。这是中国恢复社会学后成立的第一个社会学系。之后中山大学、南开大学、北京大学、山东大学、中国人民大学、华中理工大学等相继成立了社会学系。目前全国已有80多个高校设立社会学系或社会学专业。

接下来的时间里，全国陆续举办了多起讲习班，邀请国内外知名学者讲课。并开办社会学专业研究生班等，以培养当时非常紧缺的社会学师资。比如1980年5月25日至7月31日，中国社会科学院社会学研究所和中国社会学研究会在北京联合举办的第一期社会学讲习班。参加者40余人。讲习班邀请美国匹兹堡大学社会学系主任霍尔兹纳教授，美国国家科学基金顾问、美国匹兹堡大学教授年内瓦萨，岭南基金董事会主席、美国洛

[1] 邓小平. 坚持四项基本原则[M]//邓小平. 邓小平文选：第二卷. 北京：人民出版社，1994：180-181.

克非勒兄弟基金董事会董事菲利普斯，香港中文大学社会科学院院长李沛良，香港中文大学社会学系讲师刘创楚等知名学者担任授课教师。参加讲习班的学员当时大多是年富力强的中青年学者，以后都成为中国社会学的中坚力量。还有社科院与南开大学联合举办的社会学专业班，选拔43名学员，学习1年后，又择优录取了15名学生作为首期社会学研究生，这些学员毕业后进入高校任教，为中国培养社会学人才做出了非常大的贡献，即我们经常俗称的社会学“黄埔一期”。社会学恢复后，社会学会、社科院及高校社会学系主办的各类社会学讲习班、专业班不断开班，成为当时培养社会学人才的主要方式。

1981年10月，复旦大学分校社会学系主办的《社会》(社会学丛刊)创刊；1986年1月20日，由中国社会科学院社会学研究所主办的学术性刊物《社会学研究》(双月刊)在国内外公开发行。社会学的专业学术刊物也逐步发展和壮大。

社会学恢复重建后，中国举办了多起国际性学术会议，邀请海内外社会学学者参会；也邀请多名国外知名学者访华，促进了中外社会学的交流。中国学者或出访国外或参加世界社会学学术会议，与各国社会学学者座谈、交流等，通过这种方式增加和促进了社会学的学术交流，也拓展了中国社会学的研究视野，有力地推动了中国社会学的建设。

社会学恢复重建后，社会学的教学和研究工作逐步开展。通过一段时间的建设，中国社会学者也逐步发展壮大起来，从起初的主要是翻译国外著作，到开始独立编写著作、教材等。截至1999年，社会学恢复20年之际，共翻译、编著各类有影响力的教材、著作等449部[1]。这是中国社会学发展壮大的一个明显标志，表明中国社会学已逐步走上了自主发展的健康道路[2]。

---

❶ 郑杭生，李迎生. 中国社会学史新编[M]. 北京：高等教育出版社，2000.

❷ 另据孙本文统计，新中国成立前中国学者共翻译、编著有影响力的社会学教材和著作315部，相较于新中国成立前，恢复重建后短短20年的时间的编译数目是非常可观的，也说明中国社会学者所付出的心血，同时证明中国社会学发展的速度是相当快的。

二、马克思主义社会学在中国的发展

社会学中国化的一个重要标志就是形成中国特色。具有中国特色的马克思主义社会学在中国的建设程度标志着中国社会学本土化的程度。社会学恢复重建初期，关于重建什么样的社会学，是社会学界讨论的一个重要话题。对于到底是恢复重建西方资产阶级社会学还是恢复重建马克思主义社会学这个问题，费孝通一开始就强调，不管是出书还是讲课，这些引入的理论在中国的运用都要以马克思主义为指导。费孝通在《建立我国社会学的一些意见》一文中写道："恢复社会学这门学科在中国社会科学里的地位和重新在大学里设立社会学课程和社会学系，并不等于恢复这门学科旧有的内容。就这门学科的内容来说，还有待于努力、创建，使之成为一门以马列主义、毛泽东思想为指导，密切结合中国实际，为社会主义建设服务的社会学。这是在本质上有别于中国旧时代的社会学和西方各国的社会学的。"❶从这段话可以看出费孝通为恢复重建社会学指明了方向，恢复重建的中国社会学，既不是旧中国的社会学，也不是西方资产阶级社会学，应该是马克思主义社会学。当然，马克思主义社会学不是封闭的学科，它应该借鉴和吸收西方社会学与中国传统社会思想的优秀成分，因此，处理好与西方社会学、与中国传统文化之间的关系是相当重要的。郑杭生教授在《社会学对象问题新探》一书中，对马克思主义社会学与西方社会学作了明确区分，认为"从孔德开始的西方社会学，实质上是以维护资本主义制度为目的，以多方面地研究资本主义社会良性运行和协调发展的条件和机制为对象的。从马克思开始的马克思主义社会学，则实质上是一门关于社会主义和共产主义社会良性运行和协调发展的条件和机制的综合性具体科学"❷。并进一步说，在中国，"我们现在要建立的是具有中国特色的马克思主义社会学，或者说，是具有中国特

❶《社会学研究》编辑部．社会学纪程 1979—1985[M]．北京：中国展望出版社，1986.

❷ 郑杭生．社会学对象问题新探[M]．北京：中国人民大学出版社，1987：150.

色的社会主义社会学”。如果说费孝通指出了中国社会学发展方向的话，那么郑杭生教授即回答了中国要创建的马克思主义社会学是什么样的社会学，指出了中国社会学的研究对象，并提出了马克思主义社会学对社会主义的维护立场。

因此，社会学在恢复重建的过程中，中国社会学者就已经明确了自己的任务和目标。自觉地意识到了中国要创建具有中国特色的社会学——马克思主义社会学。这是中国社会学者自觉反思后达成的共识。如果当时对于重建什么样的社会学无法统一的话，也不会出现今天中国社会学的繁荣景象。那么，马克思主义社会学到底具有什么特点呢？郑杭生教授将其概括为以下几点。

(1)马克思主义社会学以中国社会良性运行及协调发展的条件和机制为对象。这一特点指出了马克思主义社会学的研究对象；同时也指明了其与哲学、其他综合学科、其他单科学科的区别。

(2)马克思主义社会学分别以辩证唯物主义和历史唯物主义为理论基础和指导思想。这一点首先正确分析了马克思主义社会学与历史唯物主义之间的关系，后者是前者的指导思想，历史唯物主义是哲学基础，马克思主义社会学是具体科学。20世纪50年代院系调整时期，正是因为没有正确区分这两者之间的关系，混淆了历史唯物主义与马克思主义社会学之间的区别才导致社会学被取消。另外，这个特点也决定了马克思主义社会学与非马克思主义社会学的基本区别，它是符合中国社会主义现代化特点的社会学。

(3)马克思主义社会学以中国的社会主义实践为立足点。这一特点决定了马克思主义社会学不是照搬照抄西方社会的理论并拿此来检验中国社会，而是要以伟大的社会主义建设为理论基点。这就要求社会学者要积极开展中国的社会调查研究，并在此基础上创立能够正确解释和预测中国社会的社会学理论，为世界社会学贡献能够解释中国社会发展、强大的正确理论，并引导西方世界能够正确认识中国与中国社会。

(4)马克思主义社会学是开放的社会学。马克思主义社会学在中国创立的初期就具有非常开放的胸怀。它参考苏联社会学的经验和教训,同时借鉴和吸收西方社会学与中国传统社会思想的精华,并且还吸取现代科学的优秀成果。它的这个特点决定了马克思主义社会学不是区域性的社会学,而是能够吸收现有科学成果并且超越现有社会学理论的另一种不同于西方传统去解释现代化的全新社会学。

(5)马克思主义社会学重视理论和实践相结合,重视理论研究与经验研究相结合,宏观研究与微观研究相结合,定性研究与定量研究相结合。从今天来看,马克思主义社会学的这个特点正是世界各国社会学发展的总趋势与总方向。

三、中国社会学恢复重建的特点

1979年,社会学开始恢复重建,确定了中国社会学的发展方向和研究对象,即以研究中国社会主义社会的良性运行与协调发展的条件与机制的综合性具体社会科学——马克思主义社会学。马克思主义社会学的正统地位确立以后,中国社会学的恢复重建工作很快取得了巨大进展,在此过程中,也形成了比较鲜明的重建特点。

(1)中央号召,学界响应。中国社会学的恢复重建工作与第二代领导集体的核心人物邓小平有巨大关系,正是邓小平在党的会议上强调包括社会学在内的社会科学需要赶快补课,才使得学界开始讨论重建问题。除此之外,教育部与社科院在重建工作中也做了大量的工作。因此,中国社会学的重建具有从上至下,逐步推动,学界积极响应的特点。

(2)重建的社会学是以马克思主义为指导。社会学恢复重建的初期,面临着许多思想观念的障碍,很多人仍然认为社会学是资产阶级的伪科学,也有人坚持认为有历史唯物主义就够了。在这种状况下,费孝通等老一辈社会学家给出了明确的回答,他说:“新中国的社会学是用马克思主义的观点和方法研究中国社会问题的，不能有别的想法。现在，可能有些人认为马克思主义不灵了，所以才研究社会学，这种想法是错误的。”[1]这个回答明确了中国社会学恢复重建的发展方向。另外一个问题是由郑杭生教授回答的。郑杭生教授公开发表《论马克思主义社会学的两种形态》一文虽然是在1985年，但其实他在1981—1983年在布里斯托尔大学进修期间，就已经形成了此观点，即历史唯物主义与马克思主义社会学是指导与被指导的关系，是哲学基础与具体学科的关系，马克思主义社会学具有两种形态——革命批判形态与维护建设形态，在革命战争年代表现为对资产阶级社会的批判态度，而在社会主义建设时期表现为对中国社会的维护建设立场。对于这个问题的回答，彻底解决了长期以来政界与学界混淆历史唯物主义与马克思主义社会学之间的关系的问题。

（3）恢复社会学初期就强调社会学的中国化。在这次恢复重建中，一开始就强调创建的社会学既不是西方的非马克思主义社会学，也不是旧中国的资产阶级社会学，而是以马克思主义为指导的中国社会学，这个定调就非常鲜明地指出了社会学本土化的道路。当然，本土化并不意味着完全拒斥西方和传统，恰恰相反，要借鉴和吸收大量古今中外的优秀成果，尤其在我们中止社会学将近30年的背景下，更是需要吸取一切社会学的先进经验和精华。当然，这次重建完全是中国学者主导的，不是简单地照搬，而是主体性十足的重建。

（4）重建的步伐很快。社会学虽然在中国中止了将近30年，然而老一辈社会学家对于社会学的恢复重建充满了期待，在重建中，他们老当益壮、以身作则；年轻一代更是肩负重任、勇往直前。正是因为社会学者的共同努力、不懈追求，才推动了中国社会学事业的迅猛发展。在不到20年的时间里，学科体系基本完善，组织机构不断健全，出版译注、著作、教材等400多部，各级社会学会逐步建立，人才培养机制也渐趋稳定，从事社会学教学研究的队伍逐渐壮大，社会学对于国家决策、社会发展的影响越来越明显。

---

[1] 刘凤泰．为了尽快恢复社会学——访费孝通教授[J]．人民教育，1981(9)．

以上四点并不能完全概括社会学重建的所有特点。实际上,社会学在恢复重建过程中,仍然面临许多困难与障碍,有些是外部的,有些是社会学与社会学者自身的,这些都需要从事社会学研究的人不断地去反思。在反思中,我们首先应该清楚中国社会学的来龙去脉,了解中国社会学的发展历程,尤其应该知道社会学被取消前后的实际情况,这对中国社会学今后的发展相当重要,这个过程就需要我们从理论自觉的态度和高度出发去认识中国社会学。

第四章　当代中国社会学的理论自觉

社会学自19世纪末20世纪初从西方传入中国，主要经历了两个阶段，即以新中国的成立为分界线，分为新中国成立前中国早期社会学和新中国成立后的中国社会学。新中国成立后的中国社会学又主要经历了社会学的取消与社会学的恢复重建等阶段。从中国社会学的发展历程来看，其每个阶段实际上就是社会学本土化亦即社会学中国化的阶段，然而每个阶段又表现出不同的理论品质。2009年，随着郑杭生教授提出社会学的“理论自觉”，标志着中国社会学进入了一个崭新的阶段。理论自觉之前的社会学本土化是一种自发的本土化，新中国成立前中国社会学的本土化更多是出于知识分子的民族自尊和在国家集体危机意识下的一种本能反应；新中国成立后的本土化则更多地表现为社会学家们为了保留社会学学科做出的一种理性妥协。那么，随着中国社会学的发展壮大，其主体性与自信心明显增强，尤其随着“理论自觉”的提出，更是中国社会学走出国门、面向世界的博大胸怀的表现。

第一节　中国社会学本土化的发展历程

自从严复把斯宾塞的《社会学研究》以《群学肄言》为书名译为中文以后，国人开始接触社会学，而且很快有人开展了相关研究，于是人们对这一新兴学科的认知就进入了一个复杂的演变过程。概括而言，一百多年来，国人对原是“舶来品”的社会学的认识与该学科在中国的发展历程相一致，大体经历了以下五个阶段，即早期较为盲目的模仿移植阶段、20世纪30—40年代的最初的本土化努力阶段、新中国成立初期的简单拒斥阶段、改革开放后的恢复重建阶段和现今的理论综合阶段，现分述如下。

一、早期的模仿移植阶段

晚清时期是“西学东渐”的第一个高潮。这是因为，从第一次鸦片战争开始，中国一步步沦为半殖民地半封建社会。特别是甲午战争的失败和八国联军的入侵，迅速加剧了中国的民族危机，使救亡图存成为中国面临的首要任务。然而，由于中国传统社会结构内部存在着种种制度性的缺陷，根本无法抵御西方列强的冲击。在这种背景下，中国部分知识分子开始觉醒，并走上了向西方学习的历程。与此相应，引进西方先进技术，介绍西方风物制度，谈论西方社会思潮，便成为一种时尚。社会学正是在这种背景下被推介到中国的。

社会学刚刚传入中国的时候，不少人视之为一种同自然科学和工程学一样具有操作性的理论，认为它是福利社会体制下的工具之学，可用于了解社会现象，增进、改善人类社群关系，因而是一门具有控制功效的社会“工程”知识[1]。实际上，就当时学术研究的整体取向而言，正是痛感于以直觉体验为基础、以思辨为主轴的中国传统知识体系（即道德伦理学知识体系）难以应对来自外部的挑战，促成“富国强兵”“救亡图存”的目标，越来越多的人转而推崇以感官经验为基础、以实验归纳分析法为主干的西方知识体系（即科学知识体系）。由于西方社会学提倡科学精神和实证原则，所以得到康有为、梁启超和严复等的高度评价，进而在社会各界引起了强烈反响，成为当时的一门显学[2]。

由此可见，西方知识体系移植到中国来的现象，是整个近代以来中国

---

❶ 叶启政．社会理论的本土化建构[M]．北京：北京大学出版社，2006：6-9.

❷ 刘少杰．扩展中国社会学新境界[J]．社会，2006，26（2）：80-101.

社会与文化变迁的一个环节；而社会学的发展，又是整个中国新学术体系重建过程中的环节[1]。也正因为这样，主张向西方学习的人，难免对西学抱有一种膜拜和景仰的心态，从而导致移植模仿西学的过程具有相当大的盲目性。这种情形在社会学上具体表现为它的早期发展以大量翻译介绍西方著作、派遣学生游学西方为主。据统计，从1850年到1904年，中国译界的重点逐渐由自然科学与应用科学转向社会科学，其中社会学也占了不小的比例[2]。另据孙本文先生统计，到民国三十六年（即1947年），在全国各大学社会学系主持工作或任教者共144人，其中10人是美国教师，其余134名中国教师中，有107名是留学生，占79.85%[3]。这样一来，起步中的中国社会学就不可避免地被西方社会学的发展潮流所左右，其成长与西方社会学的发展亦步亦趋。

二、20世纪30—40年代的最初的本土化努力阶段

从20世纪20年代末到抗日战争全面爆发，中国社会学迎来了学科发展的第一个“黄金时代”。这个“黄金时代”的到来，是以孙本文、吴文藻、潘光旦、费孝通等为代表的一批中国社会学前辈努力的结果。尽管介绍、借鉴西方社会学理论和方法仍然是中国社会学在这一发展阶段上的基本任务，但很多学者已经把精力主要投放在研究和解决本土问题上，从而推动了社会学的中国化。更具体地说，中国社会学最初的本土化努力方向主要表现在以下两个方面。

（1）自主培养专业人才，成立专业组织，创办学术刊物。中国最初缺乏培养社会学专业人才的能力，所以出国留学就成为人才培养的基本途径。随着留学生陆续学成归来，中国从20世纪20年代起就在上海大学、清华大学等高校开设社会学系或专业，开始自主培养社会学专业人才。尽管高等

[1] 叶启政．社会理论的本土化建构[M]．北京：北京大学出版社，2006：7-17.

[2] 张易．中国清末的政治思潮与西学翻译[J]．贵州民族研究，2005，25(3)：109-114.

[3] 孙本文．当代中国社会学[M]．北京：商务印书馆，2011.

教育在抗战期间受到很大的影响，但到1947年仍有22所大学开办社会学系或相关专业，教师人数120余名，在校学生超过400人。与此同时，中国社会学研究者还积极筹建自己的学术共同体，于1930年成立了社会学社；先后创办了《社会学杂志》《社会学界》《社会学刊》《社会建设》《中国社会学讯》等专业刊物，建立了自己的学术阵地。

（2）以本土为依托，开展社会调查研究，发表研究成果，形成学术流派。虽然中国第一代社会学研究者大都具有留学经历，但社会学的学科性质以及中国当时积贫积弱、内忧外患的状况，使很多人意识到照搬西方理论无法深入解释和解决中国的社会现象与社会问题。于是，他们从了解国情入手，开展了大量的社会调查研究，如李景汉的定县社会状况调查、严景耀的中国犯罪问题调查、陈翰笙的农村社会经济调查等，并在此基础上发表了不少成果，如李景汉的《定县社会概况调查》、费孝通的《江村经济》《乡土中国》等，一些本土学术流派的雏形也由此显现，如以孙本文为代表的综合学派，以吴文藻和费孝通为代表的社区学派，以梁漱溟和晏阳初为代表的乡村建设学派等。此外，还有一些学者致力于编写本土教材和案例。

特别值得一提的是，在毛泽东、李达和瞿秋白等的推动下，马克思主义社会学在此期间得到迅速传播和中国化。其中毛泽东的贡献最大，他通过深入调查，撰写了《中国社会各阶级的分析》《湖南农民运动考察报告》《反对本本主义》《实践论》等许多著名文章，为认识中国社会、制定革命策略提供了科学的依据。

三、新中国成立初期的简单拒斥阶段

新中国成立后不久，中国社会科学领域在共产党的领导下，以马克思辩证唯物主义与历史唯物主义为指导，开展全面清理和改造旧中国社会科学遗产的活动[1]，并对高等院校和学科、专业进行相应调整，社会学属于被撤销专业之一。

社会学被取消的原因实际上并不复杂，大体可以归结为以下几点：一是盲目模仿苏联取消社会学学科的做法；二是教条式地理解辩证唯物主义和历史唯物主义，没有弄清历史唯物主义与社会学的区别与联系，以致将历史唯物主义与马克思主义社会学等同起来；三是分不清革命与建设的界限，机械地把战争年代的经验运用于和平年代；四是对世界现代化浪潮的共性认识不清，因而易于用中国社会现代化的个性去否定这种共性。在这种氛围下，源于西方、强调秩序、注重改革的社会学必然遭到冷遇，而且随着"冷战"思维和极"左"思潮的滥觞，对它进行简单排斥也就顺理成章了。

但是，"无论人们对新中国抱有什么样的看法，都不能不承认，中国革命的胜利'第一次在一个新的世纪中提供了政治秩序、安全和诚实政府，这本身就是一个巨大的历史成就'。这一成就本身无可争辩地结束了20年代以来，发生在中国思想家、学者中间的一场长期的争论——中国发展是应当走枝节改造的改良之路还是走根本改造的革命道路"[2]。

事实上，正是由于"正统"社会学理论未能有效地解释和解决中国的现实问题，所以很多学者都认为传统理论"搞错了"，从而转向马克思主义社会学。问题是，何谓马克思主义社会学？当时政界、学界都是说不清的：从理论上看，马克思本人并没有使用过社会学的概念，而西方改良主义道路恰恰又被马克思认为是行不通的；从实践上讲，改良主义在中国的推行总体上是失败的。因此，在1957年之后，社会学在中国就进入一个漫长的沉寂阶段。

四、改革开放后的恢复重建阶段

中共十一届三中全会是中国开始改革开放的标志。由于恢复了实事求是的思想路线，重新确立了正确的政治路线和组织路线，各个领域都展开

[1] 郑杭生，李迎生．中国社会学史新编[M]．北京：高等教育出版社，2000：175-176.

[2] MEISNE M．毛泽东的中国及其发展[M]．张瑛，等，译．北京：社会科学文献出版社，1992.

了拨乱反正，社会科学界也不例外。1979年3月，胡乔木代表党中央发表讲话，第一次为社会学“正名”。3月30日，邓小平在党的理论工作务虚会上提出社会科学要“补课”，其中当然也包括社会学。于是，中国社会学进入恢复重建阶段，其主要任务包括以下方面。

（1）在高校逐步恢复和设立社会学学科、专业，培养专业人才。由于中国社会学中断了27年，专业人才严重断层和匮乏，所以恢复重建阶段的首要任务就是尽快培养一支高素质的专业人才队伍。为此，国家一方面在一些有条件的科研机构、高等院校恢复或增设社会学专业并招收研究生；另一方面开办以“南开大学社会学专业班”为代表的讲习班，迅速培养了一批至今活跃在教学科研领域的师资和研究队伍。到2006年，全国有近300所高校开设社会学或相关专业，教师人数达4000余人，各个层次在校生人数近3万人。

（2）翻译介绍国外社会学理论和方法，打通国际交流渠道。第二次世界大战后，西方社会在科技进步的推动下进入了一个快速而又比较平稳的发展阶段。由于社会学历来以追求“秩序与进步”为宗旨，所以在新形势下获得了长足的发展，并且能够较为有效地解释西方社会结构特征及其变迁趋向，对缓解西方社会矛盾起到了积极的作用。而改革开放后，中国社会必然逐渐加速进入转型期，而且也必然参与到当代全球化的进程中。这就要求中国一方面要立足国情，坚持改革，走出一条有中国特色的现代化道路；另一方面要坚持开放，通过对西方现代社会结构特征及其变迁机制的精准把握，实现学习吸纳与合作共赢的双重目标。翻译介绍国外尤其是西方社会学理论和方法，打造国际交流平台，无疑有利于上述目标的实现。因此，自社会学恢复重建以来，中国在这方面做了大量的工作，而且派出大批留学生，邀请大批专家学者来访，从而对国外社会学及其动态有了越来越全面深入的了解。

（3）成立各级专业团体，打造专业学术刊物。一个学科的繁荣，不仅需要大批学人，而且需要有强大的专业组织和坚固的学术阵地。到2006年，除了高校，全国还有各类社会学研究机构50多个，群众性学术团体近50个。此外，还陆续创办了《社会学研究》《国外社会学》《社会》《社会工作》等10余种专业刊物，国内其他人文社科类重要期刊大多也开辟了社会学栏目。

（4）开展理论研究，服务改革开放。中国社会转型期的一个重要特征是：社会分化一方面会促使社会运行的整体效率日益提高，另一方面则使社会整合的难度日益增大。换言之，社会运行过程中难免出现一定程度的失衡、失调、失序现象，各种社会问题和矛盾会呈现交织性、突发性和多面性的特点。而社会学本身具有增加和促进社会进步、减缩社会代价的功能，所以越来越多的社会学者对改革开放过程中的重大理论和实践问题展开了积极的探索，获得了相当丰硕的成果，做出了突出的贡献。

五、当前的理论综合阶段

尽管社会学在恢复重建阶段为中国的改革开放提供了大量的决策依据，培养了大批人才，但无论从学科发育程度还是制度环境上看，都尚未全面具备充分发挥社会学作用的条件。所以不难理解，在此期间社会学何以还会出现几度波折。从这种意义上说，中国社会学的发展与中国社会现代化的进程息息相关。

随着中共十六届六中全会提出构建社会主义和谐社会的战略目标，中国社会学的发展也进入了第二个“黄金时代”。这个时代的到来与两个大的历史背景相关：一是中国社会转型加速发展，改革进入“深水区”；二是当代全球化进入新阶段，开放面临新挑战。这自然也对社会学提出了新任务。这个新任务就是要在深入调查研究的基础上，对当今中国社会结构及其变迁机制做出科学的解释和预测，为解决社会问题、减缩社会代价提供决策依据，为推进国家治理体系和治理能力现代化、构建社会主义和谐社会提供学理支撑。而要完成这个任务，就必须对已有的研究成果进行理论综合，逐步建立一个立足本土、联通国际的有中国特色的社会学理论体系。

从目前情况看,中国社会学在人才储备、学术积累、平台搭建、国际交流、社会影响等方面都已具备较为扎实的基础,只要中国社会学学术共同体的同仁努力不懈,增强理论自觉,就完全能够承担责任,达成任务。

第二节　中国社会学本土化历程中的理论品质

中国社会学经过百余年的发展,经历了传入引进、发展壮大、取消停滞、恢复重建几个阶段,走过了不平凡的坎坷历程。然而,使社会学本土化、中国化,适应中国社会的具体国情,是中国社会学百年以来孜孜以求的学术目标。在本土化历程中,形成了社会学所特有的中国品质:中国社会学的实用品质;中国社会学的实证品质;中国社会学的人文品质和中国社会学的反思品质。

一、中国社会学的实用品质

中国社会学一开始即受到西方社会学的发展潮流所左右❶。中国早期社会学的实用品质是受到国家集体危机意识的影响而形成的。张灏指出,在晚清思想形态中,其中有一个最占优势的形态,即是以救亡图存的群体意识为中心思想而展开❷。社会学的实用品质其实无可厚非,回溯西方社会学发展史,我们也可以发现,社会学一开始就具有了实用的品质和性格。西方社会学是应1789年法国大革命以后的动荡不安的局面和19世纪工业革命带来的剧烈冲击而诞生的,因此,社会学诞生于法国也就不足为怪了。

当产生于科技快速发展、工业先进但社会问题丛生的欧美社会的社会学传入中国时,正值中国处于内忧外患、仁人志士寻求救亡图存之时。与在欧美社会一样,社会学传入中国后,逐渐被许多人视为犹如自然科学与

❶ 叶启政. 社会理论的本土化建构[M]. 北京:北京大学出版社,2006:3.

❷ 张灏. 晚清思想[M]. 台北:时报出版公司,1980:31.

工程学一般，成为具有操作性的知识，强调的是在现实的社会世界里的实际运用。长期以来，社会学被认为是福利社会体制下的工具之学，被定位为用于了解社会现象，并增进、改善人类社群关系，以达到控制功效的一门社会“工程”的知识。在这样的思潮影响下，Alivia Gouldnev在1970年提出：“社会学展现出其实用品质，常常被用来研究诸如人口、家庭、医疗体制、青少年问题、民族关系、老人问题等实用层面上。”[1]

在中国社会学50年的早期发展中，表现为作为主流或“正宗”的学院派社会学和非主流或非正宗的马克思主义派社会学[2]。实际上，在当时的社会背景下，不管是非主流的马克思主义社会学，还是主流的资产阶级社会学，都不同程度地表现出了实用取向。在“问题与主义”的论战中，李大钊运用唯物史观的方法具体考察社会上种种不合理现象，研究劳动、青年、妇女、人口等社会问题。他认为，“研究社会问题一定要和社会上多数人联系起来，形成一个‘社会运动’，那就是‘一方面固然要研究实际的问题，一方面也要宣传理想的主义。’主义具有‘理想与实用’两面，二者交相为用，并行不悖”[3]。如果说李大钊奠定了中国马克思主义社会学基石的话，那么，胡适则为中国资产阶级社会学提出了方法论原则，“多研究些问题，少谈些主义”，注重事实，服从证验等实用主义的思想方法，确实开了中国资产阶级社会学的先河[4]。另外，中国早期主流社会学派中以梁漱溟、晏阳初为主要代表的乡村建设学派，以孙本文为集大成者的综合学派和以吴文藻、费孝通等为主要代表的社区学派，都在研究取向上表现出了实用品质。乡村建设学派主张用改良主义方法解决中国农村问题；孙本文侧重于社会文化因素与心理因素的研究，着力阐释文化与态度的交互作用，运用文化与态度二因素（积极活动的要素）剖析社会现象，说明社会问题，除此之外，孙本文的研究领域还包括经济学、人口学等学科，他曾提出过8亿人口是中国

[1] 叶启政. 社会理论的本土化建构[M]. 北京：北京大学出版社，2006：6-9.

[2] 郑杭生. 中国社会学百年轨迹[J]. 东南学术，1999(5)：87-96.

[3] 李大钊. 李大钊史学论集[M]. 石家庄：河北人民出版社，1984：132.

[4] 陈树德. 中国社会学的历史反思[J]. 社会学研究，1989(4)：1-11.

“适度人口”的主张；社区学派的实用思想就更加显著了，费孝通一生的追求就是“志在富民”，富国富民是费孝通矢志不渝的学术信念。

新中国成立后，马列主义和毛泽东思想为任何社会科学研究理论的指南。面对政治体制的要求❶，当时的社会学家坚持马列主义为社会学最高指导原则，转而论证社会学的有用性。1952年，院系调整结束后，除了中山大学和云南大学的社会学系，其他的社会学系和有关专业皆被取消。在1953年高校院系的进一步调整中，这两个系亦被并入其他专业。至此，中国社会学被彻底取消。在这种大的政治背景下，大批社会学家被迫转行，开始转向其他学科从事研究和教学。这个时候，社会学系教师除少数从事行政管理工作外，多数还留在高等院校，主要从事民族学、劳动经济相关学科、政治经济学、政治理论、历史学等方面的教学❷。开展社会调查成为他们与社会学保持联系的唯一途径，主要集中在人口、家庭、养老、知识分子的再教育与就业等问题上。对于这些问题的研究也应以马列主义为指导。譬如，费孝通在1957年即宣告说：“对于今后，社会科学建基于马克思、列宁主义此点，我们绝无异议。因此，无论政治学、经济学、历史学与哲学，均须以共同的基础，从各自持有的角度发展不同的学科。从此，在各学科间的互惠将更容易……与此同时，社会学系的主要课程，将作为学院中的基础科目。”他进一步指出：“现在不论哪个地方，恋爱问题、婚姻问题、夫妇问题、养老问题、儿童问题、人口问题等有一大堆，但是这些问题无人研究，不研究并不是说没有问题。”他认为“对于这些问题用科学方法来调查研究比闭了眼睛说没有问题对我们有利”，应该搞一批人专门出来做这些事，这样可以搞出一套学问❸。

1979年以后，中国社会学进入恢复重建的新时期。1979年3月15至18日，全国哲学社会科学规划会议筹备处主持的“社会学座谈会”在北京召

❶ 奂平清.“理论自觉”与中国社会学的发展[J]. 西北师大学报：社会科学版，2012，49(3)：42-48.

❷ 刘豪兴，刘勇. 中国社会学被中断时期的历史考察——兼述费孝通人生的一段坎坷经历[M]//李培林. 费孝通与中国社会学. 北京：社会科学文献出版社，2011：24.

❸ 费孝通. 关于社会学的几句话[N]. 文汇报，1957-02-20.

开,16日上午时任中国社会科学院院长、长期主持中共思想理论工作的胡乔木在会上发表了重要讲话,代表中共中央为社会学恢复了名誉。1979年3月30日,作为中共第二代领导核心的邓小平在党的理论工作务虚会上做了题为《坚持四项基本原则》的著名报告,提出了社会学和其他社会科学一样"需要赶快补课"的问题❶。至此,社会学的合法地位得到承认,从政治体制上解决了社会学是资产阶级学科的错误认识问题,中国社会学百废待兴,但其使命已经从早期的救亡图存和取消期的"明哲保身"转变为协助国家全面恢复社会秩序,推动社会主义现代化建设。正如费孝通所说"开始筹建社会学的时候,我们一直遵循着一条原则:以马列主义为指导,结合中国实际,为社会主义建设服务"。因此,重建初期重视社会调查、解决实际问题成为整个中国社会学研究的重点和主要任务。"我们需要对当前现实的社会生活进行科学的调查研究,以便帮助党和国家解决一些急迫的社会问题,为社会主义建设减少一些前进中的障碍,使社会的各方面都能沿着社会主义道路顺利地向前发展,这是我们在这个时候急切需要开展社会学研究的主要原因。"❷

根据周贵华对1979—1987年《全国报刊索引》中社会学文章的统计,2562篇文章中"社会问题"类的占了44.2%,理论、历史和方法类的仅占11.4%。周贵华还对《中国社会学研究机构人员名录手册》进行了分析,统计了部分社会学所(室)、院校的社会学系(专业)的研究方向(重点)、科研项目(正在进行或已完成的项目),发现"社会学的科研和教学机构,无论是已确定的研究方向,还是已进行的项目,都偏重于应用性,对与日常生活较接近的社会问题,投入了较大的力量,以社会问题所占的比例看,前者占32.8%,后者占40.2%……"❸林彬等对1990—2000年在《社会学研究》上发表

❶ 郑杭生. 邓小平与当代中国社会学——纪念中国社会学恢复重建20周年[M]//中国社会科学院社会学研究所. 中国社会学年鉴(1995—1998). 北京:社会科学文献出版社,2000:84-100.

❷ 费孝通. 为社会学再说几句话——在社会学座谈会上的发言[J]. 社会学研究,1980(1):108-112.

❸ 丘海雄,严祥军. 重建后的中国社会学的实用性格——兼谈社会学的学科建设问题[J]. 社会学研究,1991(6):10-19.

的1211篇文章中的341篇进行了统计分析，发现"'社会学理论、方法、社会学史'方面的经验研究论文只有7篇，占总体的2%。从'研究目的'分类统计上看，理论性的经验研究论文只有18篇，占5%（应用研究的论文占95%）"❶。这说明，社会学自恢复重建以来至20世纪末，中国社会学研究存在重经验研究、轻理论研究，重应用研究、轻学术研究的实用品质。在现实中，应用知识的研究经费比基础研究的要高很多，从事应用研究的学术人口偏高，而从事基础理论知识研究的从业人口严重不足。

实际上，实用性是社会学初创时的初衷之一，本无可厚非，加之中国近代的曲折命运和国人不甘落后的民族心态使中国更加重视应用社会学的研究，在这种急于富国富民的心态驱使下，重视社会学的实用性是合理的，也是必要的。可以说，早期中国社会学的实用品质主要是源于国家集体危机意识，新中国成立后，脱离了列强的形式控制，中国社会学的实用品质是与特殊的国家意识形态相联系的，主要是对于国家政治体制的一种理性妥协的表现，恢复重建后的中国社会学则更多的是受到国家建设意识的动力推动，在经济体制转轨和社会结构转型"以经济建设为中心"的背景下完成自己的历史使命。因此，早期中国社会学的实用品质是自发的、无意识的，而新中国成立后则是主动地迎合特殊的政治背景和经济建设环境。

二、中国社会学的实证品质

长期以来，社会学研究的目的被认为主要是了解社会现状，进而解决社会问题，以达到社会稳定，追求社会进步与秩序。因此，实用品质并非中国社会学所特有，其实这也是亚非"边陲社会"常见的现象，虽然如此，但我们依然难以用"实用主义"一词来概括中国社会学，实用性只能解释中国社会学的一部分，其中另一部分的因素来自欧美社会学的传统——实证主义，此乃中国社会学的第二个品质。

❶ 林彬，王文韬．对当代中国社会学经验研究及研究方法的分析与反思——90年代社会学经验研究论文的内容分析[J]．社会学研究，2000(6)：38-48.

了解西方社会学历史的人都熟知，社会学创始人孔德将人类知识的发展分为三个阶段，即神学阶段—形而上学阶段—科学阶段（实证阶段）。并认为，对于人类社会的研究，发展到了实证阶段代表着人类认识的进步，真正科学的社会学应该是以实验比较的实证方式来研究人的社会，尽管孔德本人并没有从事严格意义上的实证研究，但实证主义的研究范式经过斯宾塞，尤其是迪尔凯姆之后便确立了其西方社会学的正统或谓主流地位，帕森斯"结构功能主义"对整个西方社会学的影响更巩固了实证主义社会学的正统地位。在基本方法论上，社会学与物理学、化学、生物学等无不一样，具有了自然科学的品质。诚然，实证主义在社会学初创期为其赢得学科地位起到了不可替代的作用，但实证主义的深层次的支撑理念是科学逻辑，是由外在研究自然界而转向研究人类社会，其暗含的基本法则是人类社会等同于生物有机体，自然科学的研究法则同样适用于研究人类社会。虽然实证主义的哲学内涵是非常丰富的，不同学者之间对其也有不同的意见，但其基本的哲学预设大体是一致的。

社会学传入中国的时期，正是中国社会大量引进和借鉴西方科学技术的时期，也是西方实证主义社会学大行其道时期，在当时，中国社会最崇拜西方的便是民主和科学，即当时流行的说法——"德先生"和"赛先生"。在政治上表现为推翻封建帝制、建立民主政权，而在文化方面表现为强烈地膜拜西方的科学技术。在这种社会氛围下，具有自然科学方法和程序的实证主义社会学就被不加批判地完全移植过来。因此，早期中国社会学的实证品质非常明显。

自严复将斯宾塞的《社会学研究》翻译成《群学肄言》，把西方社会学引入到中国以来，中国社会学的主流始终是实证主义的。第一，是因为斯宾塞的《社会学研究》一书是实证主义社会学的经典著作，国人一开始接触的社会学思想就是实证主义的；第二，社会学传入中国的初期，正是欧美实证主义社会学的鼎盛时期，中国社会学形成之初就受到实证主义思想的洗礼；第三，从西方社会学传入至今，中国社会一直处于变革、革命、转型的时期，激烈的社会转型需要实证主义的高效社会调查来研究、解释不断涌现的社会问题。因此，中国社会学天生是实证主义的，重视实证调查，方法上以定量分析为主[1]。

虽然实证社会学并不能代表西方社会学的全部，但由于它伴随着社会学的诞生而来，因此对整个西方社会学（尤其美国社会学）有着相当深刻的影响。20世纪20年代中期，实证主义在欧洲处于全盛时期，第二次世界大战爆发后，其中心逐渐从欧洲大陆转移至大洋彼岸的美国，作为“舶来品”的实证主义在美国站稳脚跟后，经过本土化而成为其“土特产”，20世纪三四十年代美国实证主义盛极一时。长期以来，实证社会学一直处于美国社会学的主流，也引领世界社会学的潮流。自从20世纪80年代以来，欧洲社会学界开始反思和批判实证社会学，但目前为止，包括中国在内的社会学界仍然对实证社会学情有独钟。

社会学是现代文明社会的产物，其与现代化有着千丝万缕的联系。处于“边陲”的亚非社会为了加快自身现代化的进程，选送优秀人才到处于“中心”的欧美社会（尤其美国）留学是一条快速而有效的方式。中国社会依然如此，在普遍对自身文化感到迷茫和绝望的自卑心态驱使下，面对蒸蒸日上的欧美文明很容易出现非理性反应，要么就一味地抗拒，要么就不加反思地一切照章收单，而后者则明显占据了上风。

20世纪初期，一方面由于庚子赔款中国派出了大量留学生至美国“拜佛求经”，另一方面，美国教会在中国创办的高等学校中大多开设了社会学系。一直到新中国成立前夕，有22所大学或独立学院设置了社会学系或历史社会学、社会事业行政学系。其中有10所是教会学校，而美国教会创办的就占了8所，其中4所在20世纪20年代就设立了社会学系。据孙本文在1947年12月的调查，“在各大学的社会学教授共144人，其中10名美国人，其余134位教师中有107位曾是留学生，也就是说在中国籍的教师中有

[1] 叶南客，王向伟．中国社会学的实证主义道路能走多远[J]．金陵科技学院学报：社会科学版，2012，26（1）：1-5.

79.83%都曾经留过学。在留过学的教师中，只有10人是留日的，而留学欧美的占90.65%”[1]。

海外归来的留学生们面对充满魅力的实证主义时，对其表现出了无比的膜拜和景仰，逐渐丧失了重视人文品质的中国传统文化。留学本来是继续社会化的过程，然而，当中国留学生在缺乏培养建立独立反省与批判意识和能力的客观条件下时，留学成了地地道道的重新社会化。“它虽未对一个人产生完全脱胎换骨的效果，但却足以改变一个人的文化品位和认知模式。”[2]海归们仰慕美国的实证主义，认为实证的方法才是社会学的方法，是科学的，其余都是不科学的，排斥和蔑视从事非实证的研究人员，以定量研究为荣，只阅读和撰写量化研究的著作，大量移植和模仿美国社会学的研究方式，在社会学界视实证主义为唯一的学术权威。

“作为1949年以前中国社会学最主要的专业学术团体，中国社会学社及其前身东南社会学社一直由留美生主持大局，其自身的发展也因此呈现出典型的美国社会学风格。其特点在于，成立以来即不断强调作为‘纯粹学术团体’的社团性质以及实证主义的研究风格，从而体现了美国经验社会学理论与实际结合，而尤其注重与实际问题相关的社会调查的特色。这一特征，影响了近半个世纪中国社会学的走向。”[3]

早期中国社会学的实证品质是对西方尤其是美国社会学的过于崇拜而产生的，新中国成立后则是出于政治体制的要求而形成的。“主要是因为不得不顺服政治意理下所产生的权宜结果，为的是服务政治体制及其理论的‘科学’工具。”[4]Siu-lun Wong称中国社会学这种具价值中立之工具性的社会学为Z型的理想型（ideal type Z），以区别于英格尔斯与史密斯（Alex In-

❶ 杨雅彬．近代中国社会学：下册[M]．北京：中国社会科学出版社，2001：959.

❷ 叶启政．社会理论的本土化建构[M]．北京：北京大学出版社，2006：42.

❸ 陈新华．近代留美生与中国社会学社[J]．求索，2005（4）：191-193.

❹ 叶启政．社会理论的本土化建构[M]．北京：北京大学出版社，2006：11.

keles, David H.Smith)所强调的A型理想型(ideal type A)[1][2]。西方世界的社会科学知识是中性的,因而社会科学家也是价值中立的,这是一种“科学的理想”。而中国社会学在价值立场上深受意识形态的影响和塑造,在实际应用中又力图做到价值无涉,社会学被技术化和去政治化了。

实际上,实证社会学在中国社会学的发展过程中起到了极大的推动作用,成为中国社会学学科史上不可缺少的一页,是建构中国社会学本土理论必须经历的阶段。对于实证主义的批判也并不是批判实证主义本身,实证主义研究范式作为科学研究的方法论之一,依然有其研究优势和不可替代的学术功能。但是如果迷信实证主义,将其视为神明,作为唯一的“学术信仰”是不可取的,是一种缺乏反思批判意识和能力的表现。

三、中国社会学的人文品质

长期以来,实证社会学虽然占据中国社会学的主流地位,但实证社会学并非中国社会学的全部。同西方社会学一样,中国社会学同样有着超越实证主义的品质和传统,主要体现为中国社会学的人文品质。作为综合性具体社会科学的社会学,本身既具有科学品质又具有人文品质。费孝通在社会学传统界限扩展论中指出,“社会学是具有‘科学’和‘人文’双重性格的学科,社会学的科学性,使得它可以成为一种重要的‘工具’,可以‘用’来解决具体的问题……然而,社会学的价值,还不仅仅在于这种‘工具性’。今天的社会学,包括它的科学理性的精神,本身就是一种重要的‘人文思想’,社会学科研和教学,本身就是一个社会人文精神养成的一部分”[3]。中国社会学长期受到美国科学主义社会学的影响,出现了科学与人文、经验研究与理论研究的失衡,忽视了人文主义研究取向。美国主流社会学界由

❶ WONG S L .Sociology and socialism in contemporary China[M].London:Routledg and Kegan Paul, 1979

❷ INKELES A, SMITH D H. Becoming modern: Individual change in six developing contries[M]. Cambridge:Harvard University Press, 1974.

❸ 费孝通. 试谈扩展社会学的传统界限[J]. 群言, 2003, 30(12): 280.

于过分倡导“实证化”的科学主义社会学已经为此付出了代价——自帕森斯后多年来已经出不了大社会学家，而与此同时，出现了世界社会学中心从美国向欧洲回归的趋势。忽视社会学的人文性，就会重蹈美国社会学的覆辙。中国社会学长期以来由于对科学精神的盲目崇拜和对人文精神的简单排斥，导致其自20世纪40年代以来一直处于边缘化状态，这种情况在20世纪80年代社会学恢复重建后有明显表现。“费孝通肯定社会学是具有‘科学’与‘人文’双重性格的科学，实际上是将这种僵化的对立融化了。保持‘科学’与‘人文’的适当平衡，相互借鉴，对一个国家社会学的繁荣是非常重要的。”❶

传统的中国文化是建立在以直觉体验为基础，以冥思演绎方式为主轴的知识体系，人文道德伦理是知识体系的核心。与此形成鲜明对照的是，近代西方的主导知识体系是建立在以感官经验为基础、以实验归纳分析方法为主干的认知模式上面，科学遂成为其知识体系的核心❷。与西方知识体系相比，中国传统文化更具有人文色彩，中国社会学家开始重视和挖掘其重要价值，并体现在社会学研究中。刘少杰教授认为，中国社会学与中国学术传统有着深厚的学术渊源。他认为“以先秦儒学、两汉经学、宋明理学和晚清今文经学为主要内容的中国学术传统，孕育了中国社会学关怀人生、体察社会、经世致用和重视道德教化的学术风格”❸。中国社会学的先驱严复对于科学精神有着高度评价，但其也将实证原则与价值理想高度结合，他将社会学翻译为“群学”是受到荀子关于“人生不能无群”等思想的启示；费孝通的差序格局论、梁漱溟的伦理社会说等都揭示了中国社会是一个以亲情关系为纽带的圈子社会、熟人社会；郑杭生在社会运行论中提出的“良性运行”“协调发展”等也是受到中国历史上“治乱兴衰”等思想的启发。“近几年，中国社会学界对社会两极分化的研究、对底层社会群体困苦

❶ 郑杭生. 对中国社会学的巨大贡献——纪念费孝通先生从事学术研究79周年[J]. 江苏社会科学，2006(1)：43-47.

❷ 胡适，等. 胡适与中西文化[M]. 台北：水牛出版社，1968.

❸ 刘少杰. 中国社会学的双重发端[J]. 江苏社会科学，2009(1)：1-12.

生活的关注、对社会不公现象和公正原则的讨论、对社会冲突和社会协调的探索、对社会失衡与社会结构断裂的分析、对弱势群体和社会保障问题的研究等等，其中都浸透着强烈的人文精神或人文关怀。”[1]

中国社会学重视其研究的人文品质并非是要反对实证研究，而是将社会学的人文精神同科学精神同等重视，体现在中国的社会学研究中就是要将价值理想与实证原则结合起来。中国社会的历史与实践中蕴含着深厚的人文精神，仅仅用实证主义的方法与原则难以对其做出深入的分析与解释。实际上，任何社会学研究（包括以实证主义著称的美国社会学）都无法脱离自身的文化传统而标榜自己的研究是最科学、最客观的。帕森斯一生都在说，他的理论已摆脱了政治与文化价值，也就是达到了科学阶段。然而，“近期哈佛大学档案馆所发现的文件证实了人们对帕氏的某些批评，即结构功能主义的价值中立不过是其维持美国的地位与冷战的意识形态”[2]。产生于欧美的社会学绝非是完全持中立态度而“放之四海皆准的真理”，反而是一套以欧美社会价值与信仰体系为基础形成的具有正当意义的制度化权威体系，其本质是维护欧美资本主义社会意识形态，因此其本身具有浓厚的价值色彩。

中国社会学的人文精神转向与当代西方社会学的人文主义思潮有着直接的联系。加芬克尔的常人方法学、哈贝马斯的交往行为理论、埃利亚斯的历史社会学、詹姆逊的晚期资本主义文化理论、布西亚的消费社会理论等都是当代重要的具有强烈人文主义精神的新社会学流派，这些广泛流行的社会学理论形成如此宏大的人文主义思潮，不仅对科学主义或实证主义壁垒形成了巨大冲击，而且也直接反映了当代西方社会从工业社会转向后工业社会而引起的深刻变迁。从中国社会学的百年发展轨迹来看，尤其是自恢复重建以来的研究和教学实践来看，深入挖掘中国社会的历史文化传统、借鉴国外前沿社会学理论、在实践中探索社会学的基本概念和特色理

---

[1] 刘少杰. 扩展中国社会学新境界[J]. 社会，2006，26（2）：80-101.

[2] 安德森. 社会学与本土化问题:历史视野中的加拿大与中国（续）[J]. 社会，1990（4）：11-13.

论，是中国社会学能够被纳入世界社会学体系之中、为人类的文明作出贡献的重要途径之一。

四、中国社会学的反思品质

哈贝马斯认为社会学的知识体系包含三种类型，即经验分析知识、历史—释义学知识和批判—反思性知识。经验分析知识侧重对普遍规律的探求，它是以普遍命题推演出经验命题来达到对现实事物的解释、预测和工具性控制。历史—释义学知识侧重于理解、阐释历史和他人所表述的主观意义，这种理解实际上是通过与历史（或传统）、与他人的对话和相互沟通而对社会历史现象达到主体间的共识。批判—反思性知识侧重对社会现实各种意识形态理论的反思与批判，它通过对社会弊病和意识形态教条的揭露、批驳，使人从各种压制中解放出来，并提供一种理想的价值观[1]。第一种知识类型对应于自然科学，第二种知识类型对应于人文科学。第三种知识类型分别反映了人类的三种基本旨趣：①技术的认知旨趣，其关注对客观的或客观化的世界过程做正确的预测及有效的控制。②实践的认知旨趣，其关注人际间动机、意向和意义的理解。③解放的认知旨趣，其关注如何争取自由成长和进步，实现人的解放[2]。因此，解放旨趣作为社会学研究的基本旨趣，原具有历史性的意义，不同于自然科学的知识，社会学的知识本身就具有意识启蒙的作用，它往往成为一股实际的社会力量来引导变迁，马克思的理论即是一个明例[3]。相对于西方社会学这样的传统，反观中国社会学，以往我们的社会学大多数依附在前两者的旨趣下发展，而忽略了社会学的反思—批判的品质，即解放的旨趣，导致中国社会学社会功能的狭隘化。故社会学的知识不仅仅应该被看作一门技术和具有实用意

❶ 林彬，王文韬．对当代中国社会学经验研究及研究方法的分析与反思——90年代社会学经验研究论文的内容分析[J]．社会学研究，2000(6)．

❷ 周晓虹．西方社会学历史与体系：第一卷[M]．上海：上海人民出版社，2002：31．

❸ 叶启政．社会理论的本土化建构[M]．北京：北京大学出版社，2006：27．

义的实证学问，它更可以是一门具有解放人类社会的学问。立足于这样的认识，一方面需要不断地对产生于特定文化与社会条件下的西方社会学进行反思；另一方面需要对自己特有的社会思想和文化传统进行了解和解析，唯有如此，才能真正实现中国社会学的本土化，中国社会学也才能有其特色，并为世界社会学提供宝贵的另类经验。

长期以来，中国社会学虽然已具备实证和人文品质，但并非毫无反思意向。自社会学传入中国以来，具有学术责任和敏锐洞察力的中国知识分子丝毫没有蜕变其反思—批判的品质和能力。在中国社会学的草创时代，基本上是处在模仿或照搬西方模式的状态。"当时虽有不少大学开设社会学和民族学课程，但讲的内容基本上都是照抄欧美模式，有的学校甚至教材和教员都是'洋'的。"[1]据1925年的调查，社会学课程首见于教会大学，授课者多半为美国人[2]。正是在这种状态下，吴文藻先生开始反思中国社会学。在燕京大学教学的过程中，他悟出了一个思想，就是要想使中国民族学和社会学有较大的改观，就必须发动广大民族学和社会学工作者，共同创造出一种有中国特色的、结合中国国情的新式教学和研究方法。于是，他提出了民族学和社会学"中国化"的主张。他首先对当时社会学全盘洋化的状况做了一针见血的揭露，他说，中国的民族学和社会学"始而由外人用外国文字介绍，例证多用外文资料；继而由国人用外国文字讲述，有多讲外国材料者"，"民族学和社会学在知识文化的市场上，仍不脱为一种变相的舶来物"。接着他又大声呼吁学术界同仁们共同起来，找一种有效的理论构架，并把它与中国的国情结合起来进行研究，努力训练出中国"独立的科学人才，来进行独立的科学研究"，使中国式的民族学和社会学"植根于中国土壤之上"，从而实现民族学和社会学的"彻底中国化"。[3]孙本文的《社会学原理》一书，其中"引证事实之处，凡可得本国材料，即用本国材料

❶ 林耀华，陈永龄，王庆仁．吴文藻传略[J]．民族教育研究，1994(2)：77-83.

❷ HSÜ L S. The teaching of sociology in China[J]. The Chinese social and political science review, 1927(3).

❸ 林耀华，陈永龄，王庆仁．吴文藻传略[J]．民族教育研究，1994(2)：77-83.

……盖欲使此书成为我国人适用之书”。孙本文的《社会心理学》一书所提出的该书有几点“为他书所无,而对于中国社会心理学不无贡献可言”,其中一点即“此书尽量引用本国材料,确已做到社会心理学中国化的地步”。孙本文的《现代中国社会问题》一书,更是一部运用社会学理论讨论中国现实问题的著作。鉴于当时因受各方面条件的限制,“社会学中国化”事业进展不快的状况,孙本文于《当代中国社会学》一书的结束语部分,分别提出了理论社会学中国化与应用社会学中国化进程中应当努力的几个方面,非常详细、具体[1]。在那个时期,正是中国知识分子图存救亡的时期,富国强民的意愿非常强烈,但同时也正是西方文化潮水般涌向“边陲社会”的时期。在这种救国意识的笼罩下,接受西方思想与知识,成为当时认可而且必要的手段。因此,在当时所谓现代化潮流的影响下,作为舶来品的社会学,由外传入中国时,学习模仿西方知识是可以理解的,移植和照搬西方社会学理论成为当时的主要潮流,但即便如此,依然不乏中国社会学的反思品质和性格,吴文藻和孙本文等倡导建立中国自己的社会学——社会学的中国化,就是中国社会学反思品质的明例。

社会学自从恢复重建后,中国社会学的反思品质愈加明显。中国社会学的反思不仅是要反思西方社会学理论,这是大家的共识,但同时更重要的是自我反思。反思中有时候会有否定自我的情况出现,因此往往是一个痛苦的过程,需要极大的学术自觉和勇气。哈贝马斯指出,解放的旨趣是人可以透过自我反省和自我批判的机制,从历史的种种制约限制中,寻找自我解放的途径[2]。费孝通在晚年提出要扩展社会学的研究的传统界限,这既是对中国学科发展提出的中肯建议,实际上也是费孝通对于自己前半生学术生涯的反思和检视。面对当代世界不同文化间的交流和冲突,费孝通提出了“文化自觉”。美国著名学者亨廷顿认为文化冲突是导致人类分裂和国际政治冲突乃至战争的主要根源。而费孝通认为,文化冲突不一定

---

[1] 郑杭生,李迎生. 中国早期社会学综合学派的集大成者——孙本文的社会学探索[J]. 江苏社会科学,1999(6):155-164.

[2] 叶启政. 社会理论的本土化建构[M]. 北京:北京大学出版社,2006:127.

会引起人类分裂与国际政治冲突，只要不是“定于一尊”，放弃西方中心论，建立多元一体、和而不同的世界体系，化解冲突、避免分裂是可能的[1]。从而达到“各美其美，美人之美，美美与共，天下大同”的目的。费孝通提出的“文化自觉”对于化解当前全球多元一体化过程中必然出现的各种文化冲突较之亨廷顿的“文明冲突论”具有更积极、更深远的意义。“文化自觉”不仅是处理中华文化与西方文化之间关系的基本途径，更是处于“中心”的西方文化处理与世界各“边陲文化”的不二选择，这是中国社会学家对世界社会学作出的富有特色的贡献，既具有中国气派，又具有世界眼光，既有本土特色，又超越本土特色。

中国社会学的发展与中国现代化的历程是同步的。伴随着中国社会体制的转型与中国经济体制的转轨，中国社会学也逐步走上了一条健康的反思道路。自20世纪80年代初期开始，郑杭生教授就深刻反思了中国社会学，提出了马克思主义社会学两种形态说，即马克思主义社会学革命批判性的形态和维护建设性的形态。这个观点的提出对于正确认识和对待马克思主义社会学、客观地评价西方社会学、指引中国社会学走上正确的发展的道路、建设具有中国特色社会学是至关重要的。如果没有对中国社会学尤其是取消期中国社会学的深刻反思，就不会有今天中国社会学的繁荣局面。在这之后，郑杭生教授对于社会学研究对象的具体分析、对于“价值中立”的深刻分析以及“新型现代性”和“建设性反思批判精神”的提出，都是对中国社会学不断反思的过程与成果。进入21世纪以来，郑杭生继费孝通“文化自觉”之后又提出了“理论自觉”这一振聋发聩的社会学命题。“理论自觉”的提出是对中国社会学又一深刻反思的结果，它“是提高中国社会学理论地位的有效途径，是中国社会学在世界社会学格局中改变话语权状况的必要条件，是中国社会学在世界社会学格局中增强自主创新力的必备

[1] 刘豪兴，刘勇．中国社会学被中断时期的历史考察——兼述费孝通人生的一段坎坷经历[M]//李培林．费孝通与中国社会学．北京：社会科学文献出版社，2011：326-327.

前提”[1]。正是由于中国社会学深具其反思品质，才逐步形成了社会运行论等具有中国特色的社会学理论以及深具中国气派的社会运行学派。

总之，中国社会学本土化历程经过百余年的风雨，经历了传入引进、发展壮大、取消停滞、恢复重建”这样几个阶段，走过了不平凡的道路，实用品质和实证品质是其在幼年时期的典型表现，在本土化过程中，首先表现的是对西方的学习和引进，但随着中国社会学的逐渐发展和壮大，尤其是自恢复重建以来，中国社会学越来越趋向于成熟，其人文品质和反思品质逐渐凸显，成为建构中国特色社会学不可或缺的理论品质，也是中国社会学本土化历程中具有时代意义的性格特点，因为我们恢复和重建的不再是所谓“正统”的西方资本主义社会学，而是具有中国特色和深具中国气派的马克思主义社会学，在这样的理论品质的指引下，中国本土社会学理论取得了一系列卓有成效的研究成果。费孝通的小城镇理论、社会学传统界限扩展论，社会运行学派的社会运行论、社会转型论、学科本土论、社会互构论和实践结构论，陆学艺、李强等的社会分层论，刘少杰的感性选择论等理论成果极大地丰富了中国社会学的繁荣景象。因此，实难以上述四种品质概括中国社会学本土化历程中的全部，比如中国社会学的批判建设品质、对西方社会学的回应性品质以及移植加工等品质，但后者与文中四大主要品质均有着直接或间接的联系，在此再无须赘言。

第三节　理论自觉的再认识

中国社会学发展的过程，实际上也是中国社会学学术共同体理论自觉不断增强的过程。也可以反过来说，正是由于中国社会学学术共同体理论自觉的不断增强，才促进了中国社会学的发展，形成了现今的大好局面。

[1] 郑杭生. “理论自觉”简要历程和今后深化的几点思考[M]//郑杭生，等. 社会转型与中国社会学的理论自觉. 北京：中国人民大学出版社，2011：1–4.

那么，什么是理论自觉？为什么要强调理论自觉？提高理论自觉的路径及其内在动力是什么？这正是以下要回答的问题。

一、理论自觉的内涵及其来源

最早提出理论自觉概念的是郑杭生先生。他在2009年的一篇文章中对这个概念做出如下解释："指从事社会学教学研究的人对其所教学和研究的社会学理论有'自知之明'，即要明白它们的来历、形成过程、所具有的特色和它的发展趋向，分清楚哪些是我们创造的，哪些是汲取西方的。也就是说，中国社会学'理论自觉'的含义也应该包括对自身理论和他人理论的反思，对自身的反思往往有助于理解中外不同理论之间的关系。"❶

郑杭生坦承"理论自觉"源于费孝通先生提出的"文化自觉"概念。在北京大学社会学系、社会学人类学所1997年一次研讨会上，费孝通提出文化自觉的概念，认为"文化自觉是指生活在一定文化中的人对其文化有'自知之明'，明白它的来历，形成的过程，所具有的特色和它发展的趋向，不带任何'文化回归'的意思。不是要'复旧'，同时也不主张'全盘西化'或'全盘他化'。自知之明是为了加强对文化转型的自主能力，取得决定适应新环境、新时代文化选择的自主地位"❷。

郑杭生认为，"与'文化'这个大概念相比，'理论'是一个小概念、次级概念。理论从属于文化，同时又是对文化的某种提炼提升。因此，'理论自觉'是'文化自觉'的一种形式，特别是一种与各门学科及其成熟度有关的形式。社会学的'理论自觉'，则是'文化自觉'在社会学这一门学科中的特殊表现"❸。可见，他不仅承认理论自觉与文化自觉之间的传承关系，而且把这种传承视为践行理论自觉的一种形式，同时也是对自己的理论有"自

❶ 郑杭生．中国社会学的理论自觉[N]．光明日报，2009-10-20(11)．

❷ 费孝通．论人类学与文化自觉[M]．北京：华夏出版社，2004：188．

❸郑杭生．促进中国社会学的理论自觉——我们需要什么样的中国社会学？[J]．哲学基础理论研究，2013(5)：1-7．

知之明”的具体表现。

很明显，理论自觉所强调的是两个“反思”，即中国的学术共同体——当然也包括像社会学这样的具体学科的学术共同体——既要勇于和善于反思自身的理论，又要勇于和善于反思他人的理论。唯其如此，才能做到知己知彼，提高理论上及文化上的自主能力，以便在变动不羁的环境条件下获得理论及文化选择的自主地位。

二、提高理论自觉的必要性及其路径

强调理论自觉，归根结底是为了保证中国在当前和未来世界文化格局中，能够做到知己知彼，提高自主能力，获得自主地位。因而也可以说，理论自觉是时代对中国学术共同体提出的要求，也是当代中国学人应该具备的学术品质，其必要性和迫切性不言而喻。

从中国社会学发展的历史脉络中，固然可以看到社会学学术共同体学术自觉的逐渐增长过程，但是相对于中国社会学的历史使命、相对于当前中国改革开放对社会学提出的任务而言，目前所达到的高度还是非常不够的。具体表现为对自身理论的反思不足、对他人尤其西方理论反思不足两个方面。

对自身理论反思不足突出地表现在对中国古今学说的评判方式有待改进。对自身理论的反思，自然涉及对中国传统文化和现代文化的评判问题。在中国历史上，文化传承（包括理论演变）是在文化创新、文化采借、文化变异、文化断裂和文化重建相互交错的过程中实现的，其内容极为庞杂，人们对它的情感又相当复杂，所以很难做出客观、精准的评判。从原则上讲，无论对传统文化还是现代文化，都应该采取“扬弃”的态度，尽可能做到“取其精华，弃其糟粕”。但什么是精华，什么是糟粕，很多情形下都是难以判断的，因而也难以选择“扬”什么、“弃”什么。

怎样才能破解这个难题呢？首先是要对古今的学说、理论进行系统的清理，搞清楚它们的来龙去脉；其次是要对这些学说、理论进行功能分析，特别是从实践的角度考察它们是否有利于人们对中华民族核心价值的认同，是否有利于为人们提供一种稳定的、向上的行为准则，是否有利于塑造合格的社会成员，是否有利于促进社会的整合。在这个过程中，应该旗帜鲜明地反对两种倾向：一是复古主义的思潮，尤其要坚决抵制那些打着尊重传统文化、保护传统文化、弘扬传统文化的旗号借古讽今、以古非今的现象；二是"存在即为合理"的思潮，严防极端功利主义、形式主义、官僚主义、享乐主义和奢靡之风在现实生活中泛滥。

对他人理论反思不足突出地表现在对中外尤其是西方理论的评判方式有待改进。对他人理论的反思，基本目的当然是"洋为中用"。在这个问题上，中国既有很多成功的经验，也有不少失败的教训。撇开科技领域不说，在哲学社会科学领域中，我们最大的成功莫过于接受了马克思主义并实现了它的中国化；而对于其他的学说，则始终把握不好，消化不良。特别是对于西方非马克思主义的理论，中国人长期以来都很容易在两个极端上摇摆，即拿来主义和关门主义。

拿来主义就是主张把西方的理论、文化生搬硬套到中国来。这种"西化论"的观点在新中国成立前比较常见，新中国成立后曾销声匿迹了很长一段时间，改革开放后又有回潮之势。从表面上看，新中国成立前后持这种观点、立场的人的误区是一样的，即不了解"社会科学是以欧洲为中心的，是为回答欧洲的问题而兴起"的[1]。具体到社会学，是不承认西方之社会学理论乃工业社会的产物，充满着迷思与偏见[2]。实则不然。早期的西化论固然源于国人对西方理论、文化产生和发挥作用的社会基础缺乏全面、准确的了解，但更是出于当时人们希望"富国强兵，救亡图存"的急迫心态。因此，尽管这种主张在实践上是不成功的，但是不应否定它的历史价值。相比之下，改革开放以来时隐时现的西化论性质完全不同。持这种观

[1] 伊曼纽尔·沃勒斯坦．所知世界的终结——二十一世纪的社会科学[M]．冯炳昆，译．北京：社会科学文献出版社，2002：183.

[2] 叶启政．社会理论的本土化建构[M]．北京：北京大学出版社，2006：2.

点的人，根本罔顾新中国成立以来尤其是改革开放以来中国所取得的巨大成就，往往只是抓住共和国历史上的一些失误和改革开放过程中出现的一些困难或问题，全盘否定中国的社会主义制度，否定中国的社会主义现代化道路，这当然是绝不允许的。

关门主义主要表现为对西方理论、文化的盲目拒斥。这种现象不仅存在于新中国成立前，同样也存在于新中国成立后，但原因大不相同。前者主要源于文化我族中心主义，尤其是源于一些国人对传统文化的抱残守缺的心态；后者主要是受到意识形态的束缚，尤其是不了解世界现代化进程的共性特征，忽视甚至不承认西方理论对于这一过程的解释的科学性，进而否定其对中国现代化的积极的参照意义，这是完全不应该的。

那么，怎样才能正确地对待外来尤其是西方非马克思主义理论呢？首先，还是要加强对它们的研究，不仅要搞清楚它们的来龙去脉，更要揭示它们在现实生活中发挥作用的机制；其次，是要批判性地吸纳其中合理的成分，并通过实践这一链条对它们进行中国化的改造，搭建“中西合璧”的多元平台。

三、理论自觉的内在动力

如前所述，理论自觉的根本意涵是对古今中外学说和理论进行全面、系统、深入的反思。这固然需要针对不同的学说、理论选择适当的技术路线，但更重要的是要努力培植进行这种反思的内在动力：自信、包容和理性。

无论是个人、群体还是国家，首先要自信，而后才能自觉、自强。具体到中国哲学社会科学领域，自信主要表现为不同学科的学术共同体要坚定不移地相信马克思主义，相信社会主义制度，相信社会主义道路。只有这样，学人们才能自觉自愿、潜心耐心地研究中国问题，平和地看待国外的世界。

有了自信的意识，就比较容易形成包容的心态。同其他文化一样，中国文化也是一个非常复杂的、充满矛盾的整体，所以既存在包容的元素，也存在偏狭的成分。在漫长的古代历史中，中国虽然“多次面临异质文化强有力的挑战，但结果不仅没有动摇中国传统文化的根基，反而增强了它的韧性，扩大了它的容量”[1]，客观上不断强化了中国人的文化自信。但到了近代，中国传统的农业文明受到来自西方的工业文明的强力挑战，不得不开始认真审视西方文化，反思自身文化。在这个过程中，中国文化的包容性不断增长，偏狭的成分不断隐退。新中国成立特别是改革开放后，中国的社会主义现代化建设取得长足的发展，形成了举世公认的“中国经验”或“中国模式”，使中国人得以在一个更宽阔更坚实的基础上重构自己的文化自信，拓新自己的文化品格。诚如有学者指出那样，“善于吸纳人类文明的一切精华，根据时代发展的要求和人民群众实际需求的变化发展新文化，是中国社会主义现代化的应有之义。而尊重历史，立足现实，着眼未来，胸怀世界，则是中国新文化的基本精神”[1]。

由此也可以发现，中国人自信心和包容性的增长主要来自理性的增长。受自然经济以及相应政治、社会、文化结构的影响，中国人历来注重感性体验或直觉，推崇传统和习俗。在这种氛围中，人们很难采取分析的态度，按照对象世界的本来面目去开展认识活动、检验认识结果，行事原则往往偏向于情感理性而非工具理性。近代以来，情况逐渐发生了变化，原因一方面是西学东渐的影响，另一方面是来自内部需求和外部挑战的现实。众所周知，清初以后，中国人口规模快速增长，但是生产力发展的速度却非常缓慢，水平十分低下。尤其是从19世纪中叶到20世纪40年代，“西方社会通过科技和制度的创新而在各个领域获得一系列重大突破……的时候，中国却处于由‘治’到‘乱’的历史拐点上”[2]，内忧外患，民族危亡，不得不通过反省自身文化和采借外来文化的双重方式重塑自己的文化价值观念，从而导致了工具理性的普遍张扬，进而有助于人们比较审慎地对待自己和他人的文化，按照合理化的原则行事。

---

❶ 闭伟宁．中国社会现代化进程中的文化建设问题[J]．江苏社会科学，2013(3)：84-89.

❷ 闭伟宁．论中国社会形态跨越发展的理论依据与现实基础[J]．社会学评论，2013(2)：54-66.

总之，近代以来特别是新中国成立后，中国社会现代化的成效日益明显，综合国力不断增强，国际形象不断提升。与此相应，中国人的自信心、包容心和理性意识也不断增强，从而也有力地推动了学界的学术自觉。但是应该看到，相对于构建社会主义和谐社会、实现中华民族伟大复兴这一宏伟目标而言，国人的自信心、包容心和理性精神都还有待增强，需要长期下力气去培植。

当然，“理性是冰冷的铁笼”。如果任凭工具理性不断张扬，那么就很可能导致它的异化，使社会行为被极端功利主义所左右。因此，在提倡自信、包容和理性的同时，也应该大力培养人文精神，使之成为社会主义核心价值体系越来越重要的组成部分。

第四节　从理论自觉到社会学学术生态的“美美与共”

在这里讨论社会学学术生态的“美美与共”，首先是受到费孝通先生的影响；其次是有感于社会学学术生态的现状；再次是认为它与理论自觉密不可分。以下还是从基本概念说起。

一、什么是社会学学术生态的“美美与共”

费孝通先生晚年对如何处理不同文化之间的关系进行了深入的思考，认为“各美其美，美人之美，美美与共，天下大同”。在他看来，不同文化之间只要做到“各美其美”“美人之美”，就有可能形成“美美与共”的文化格局，进而实现“天下大同”的理想。

撇开“天下大同”不谈，笔者认为“各美其美”不难，“美人之美”有难度但比较容易解决，“美美与共”则殊为不易。为什么呢？因为只要文化主体对自己的文化有起码的自信，“各美其美”就不成问题；只要他们对他人的文化有起码的包容，“美人之美”也不是问题。相比之下，“美美与共”就要困难得多，它既需要自信，又需要包容，更需要理性。

那么，到底什么是“美美与共”呢？按照费孝通先生的意思，它应该既是对待不同文化的一种态度，又是处理它们之间关系的一种准则。具体地说，它要求不同文化在自我欣赏和相互欣赏的基础上取长补短。他的这个观点无疑是十分正确的。若是把这个观点推论到社会学学术研究问题上，所谓“美美与共”至少包含以下几层意思。

首先，真正的“各美其美”“美人之美”是“美美与共”的基础。由于这里加上“真正”二字作为定语，所以仅凭对本身理论的自信就不足以做到“各美其美”；同理，仅凭对他人理论的包容也不足以做到“美人之美”。实际上，各国社会学理论的产生和发展主要都是为了解释本国社会转型过程中出现的新现象、新问题，本土特征非常浓厚。因此，无论是哪个国家的学者，都应该以自信和包容的心态，理性审视自身和他人的理论，把真美的内容分析、甄别出来而美之。这也是学人对待国内外不同学术观点、流派的科学态度。

其次，“美美与共”的主要目的是取长补短。如果说“各美其美”和“美人之美”分别从不同的角度强调了差异或者说个性的重要性，那么“美美与共”所强调的是共性问题。虽然严格意义上“各美其美”和“美人之美”必须以科学理性为准绳，但是由于实际判别自身理论和他人理论之美的过程难以回避“主客观矛盾”，无法彻底做到价值中立，所以它们的基本目标实质上并非“求同”，而是“存异”。这就意味着那些无法完全确定的自身之美和他人之美，都会在尊重多元价值的理念框架下存而不论。“美美与共”则截然不同。它强调的是“互补”，是化人之美为我之美，化我之美为人之美。因此，无论我之美还是人之美，它首先都要求是“真美”，然后还要“适我”抑或“适他”，并非所有的“长”都可取，所有“短”都要补。

再次,“美美与共”不是折中主义,也不是所谓“中庸之道”。当前很多人认同甚至推崇的多元价值观,本质上只是为了缓解不同文化的冲突,掩盖隐藏在不同价值观背后的利益分歧,因而其政治色彩明显大于学术意味。在阶级、国家存在的条件下,无论是提倡“普世价值观”还是“多元价值观”,都不可能在根本性问题上超越阶级、国家的利益,否则很难理解首倡价值中立的韦伯,何以要强调“在社会政策上我们努力的目标不是要使世界幸福,而是要把一个被经济进步包围的国家社会性地统一起来”[1];而被帕森斯宣称为摆脱了政治与文化价值的结构—功能主义,何以也打上明显的冷战思维的印记。也就是说,当不同文化价值与不同利益诉求牵扯在一起的时候,折中主义是行不通的。此外,有人把“美美与共”视为“中庸之道”,这也是不恰当的:前者关注的是一种文化格局及其背后的利益关系,后者关注的是天人关系,强调执着、中正、平和的人格特征。

从这些含义中也可以发现,理论自觉是学术生态“美美与共”的认识论基础,离开了理论自觉,就谈不上“美美与共”。

二、中国社会学学术生态的现状与问题

如果从历史的角度上讲,中国社会学在改革开放后确实获得了很大的发展,学术生态持续好转,这在前面已经介绍清楚。但如果将“美美与共”的上述含义与中国社会学学术生态的现状相对照,则会发现两者相去甚远,其中较为突出的问题有以下几个。

首先,在本土问题研究方面,理论与实际相结合还不太紧密。研究本土现象,解决本土问题,是各国社会学的基本传统之一。在这个方面,中国社会学者已经进行了大量的尝试,对很多问题的解决起到了积极的作用。但是,由于转型期中国社会现象和问题的复杂性及交织性,不仅加大了研究的难度,而且也容易造成理论与实际的脱节,使人难以真正发现自身理

[1] 安东尼·吉登斯. 资本主义与现代社会理论[M]. 郭忠华,潘华凌,译. 上海:上海译文出版社,2013:244.

论之美，进而滋长“孤芳自赏”抑或“自惭形秽”的心态。

其次，在西方理论研究方面，理性批判的意识还不够强烈。实事求是地说，近30年来，中国社会学界非常重视对西方理论的介绍和研究。究其原因，当然是由于第二次世界大战后西方国家普遍经济发达、社会稳定、学术繁荣，从而对中国产生了强烈的示范效应。在这种情况下，人们很难耐心、静心、潜心地探讨西方学术与政治、社会、文化的关系，也不太注重开展系统的实证研究，所以也难以真正发现他人理论之美。更为甚者，有的人只是通过对西方理论的研读和对西方社会的片面观察而认为发现了人之美，于是特别乐于兜售人之美。其实，就算真正发现了人之美，也要充分考虑能否以及如何“化人之美为我之美”，生搬硬套从来就不可取。

再次，在学术规范结构和评价、激励体系方面，存在巨大的制度化空间。对于科学研究而言，学术规范结构和评价、激励体系无疑是十分重要的。中国目前在这方面已经初步建立了一套规则体系，问题是还不太成熟和定型，而且制度化空间非常大，比较突出的是学术与政治、社会关系的界定问题、学术道德问题、学术评价和激励机制问题等。

最后，在学术共同体发育方面，学术流派比较少，争鸣空气比较淡。尽管中国社会学研究越来越活跃，环境越来越宽松，学术共同体规模持续扩大、内聚力逐渐增强，学术观点精彩纷呈，但学术流派不多，比较成熟定型的更少。正是由于这个原因，加上中国知识分子的“君子”情结、功利化的“好好主义”等其他因素，国内学术争鸣气氛还不太热烈。因此，郑杭生先生多次在不同场合强调，中国社会学应该多一些学派、少一些宗派。

之所以出现这些问题，归根结底是因为对自身理论和他人理论反思不足，也即理论自觉不够。

三、增强理论自觉，促进学术生态的“美美与共”

既然如此，怎样才能进一步增强理论自觉、促进社会学学术生态的“美美与共”呢？关于这个问题，我们已经从理论上进行了较为详细的分析。从操作的层面上看，当前应该重点开展以下几项工作。

首先，以学术共同体——尤其中国社会学学会——为依托，推动学术规范结构和评价、激励体系的制度化。虽然中国社会学学术规范已经初步确立，但它毕竟还只是一棵幼苗，若想让它长成一棵参天大树并发挥遮风避雨的作用，除了依靠学人对它的自发呵护以及相应的自律，更需要一个具有权威性的机构来监护，而学术共同体就是最好的选择，特别是在学术评价和学术道德方面，它的作用是其他机构所不能比拟的。

其次，以兴趣群体为依托，以特定领域为对象，以理论工作坊为形式，培植理论流派。近年国内有些学者陆续以社会学分支学科为对象，组织开展诸如“组织社会学工作坊”等一系列活动，取得了相当好的效果。这种活动的一个重要特点是同一领域不同兴趣群体通过比较持续化的研究，形成相互竞争的观点，因而有利于促成不同的学术流派。

再次，以高校和地方性科研院所为依托，拓展区域研究的宽度和深度。由于中国区域发展十分不平衡，不同区域亚文化特征明显，所以区域研究的地位非常重要。相对而言，地方高校和科研院所在这方面具有较明显的优势。

最后，以社会组织为依托，以青年才俊为对象，培养博古通今、学贯中西的社会学后备力量。中国社会学的过去主要依靠前辈引领，未来则主要依靠青年人。这些青年除了要接受系统的专业训练，还要具有中国情怀和世界眼光，否则无法担当起振兴中国社会学的历史责任。近年有些社会组织如“北京郑杭生社会发展基金会”在这方面做了一些尝试，取得了较好的效果，所以应该鼓励更多机构的参与。

这里要特别指出，笔者完全无意否定政府在社会学学科发展、学术生态形成方面的影响。在前面梳理学术史的过程中，已经粗略谈到了这个问题，只是本文的旨趣是探讨社会学人群体的理论自觉，所以未予展开。

第五章　理论自觉与中国社会学的发展

第一节　中国社会学的当代现状

从社会学本土化的历程来看，中国社会学主要经历了新中国成立前的自发本土化、取消前后社会学对政治的妥协以及恢复重建后的部分自觉的本土化三个阶段。进入21世纪，随着理论自觉的提出，社会学中国化进入一个全新的阶段和高度，与此同时，中国社会学与西方“中心”世界的社会学差距逐步缩小，中国社会学的“边陲”心态逐渐减弱。西方人在惊叹中国快速发展的同时，也开始比较深刻地认识中国社会，中国社会学在世界社会学中的地位稳步提升，对其贡献也渐渐得到认可和接受。在此过程中，中国社会学的内部格局也趋渐呈现出自身特点。

一、中国社会学学科的发展现状

（一）社会学的人才培养机制愈加完善

自从社会学在中国恢复重建30多年来，已经形成了一整套完善的社会学人才培养机制。截至2012年，全国有94所高校招收社会学本科生；有94个社会学硕士点，其中一级学科硕士点69个，博士点19个；其中一级学科博士点15个，博士后流动站12个；教育部高校人文社科重点研究基地2个，一个是北京大学的中国社会与发展研究中心，另一个是中国人民大学的社会学理论与方法研究中心；二级学科国家重点学科4个，分别分布在北京大学、中国人民大学、南京大学和上海大学，一级学科国家重点学科2个，分布在北京大学和中国人民大学。从以上这些数据来看，中国社会学学科建设已步入稳定发展的阶段，每年能培养大量的社会学人才，为社会发展与国家建设做出了杰出贡献。

（二）社会学学术团体与科研单位布局合理

自1979年中国社会学会成立以来[1]，全国省级社会学会已全部成立，大多数省会城市也成立了社会学会。中国社会学会现有31个团体会员，下设20个专业委员会。在科研机构方面，除了中国社科院下设的社会学研究所外，各省级社科院都成立了社会学研究所。这既是中国社会学的科研机构，同时又是社会学科研人才聚集的场所。

（三）社会学专业刊物逐渐增多

与其他社会科学（经济学）相比，社会学专业刊物偏少，但在社会学工作者的共同努力下，社会学刊物在逐渐增多。目前主要的社会学刊物有：中国社科院社会学所主办的《社会学研究》；上海大学主办的《社会》；中国人民大学主办的《社会学评论》和《社会建设》。另外，比较有影响力的有《南方人口》《青年研究》《妇女研究论丛》《人口学刊》《人口研究》《人口与发展》《人口与经济》《西北人口》《中国人口科学》[2]。还有大量的综合性社会科学刊物均开设了社会学研究的专栏。以上期刊已经成为中国社会学工作者进行科学研究与学术探索的重要平台。

一个学科要健康发展，就必须拥有其专业团体和科研机构、学术期刊

[1] 中国社会学会的前身是1979年3月成立的中国社会学研究会，1982年5月改为现名。

[2] 以上列举的刊物主要是来自2011年北京大学核心期刊目录和CSSCI（2012—2013年）来源期刊目录。

以及健全的人才培养机制。中国社会学的发展已经呈现出稳定发展的态势，当然，由于中国社会学起步较晚，与欧美发达国家的社会学相比，仍然存在比较明显的差距，这就要求我们要用理论自觉的心态去正确对待西方社会学，并不断地反思中国传统社会思想。

二、中国社会学的学派

在中国社会学界，目前公认的中国学派就是社会运行学派。社会运行学派的创始人是中国人民大学的郑杭生教授。该学派的主要理论形成于20世纪80年代初期，其显著特征是理论自觉。社会运行学派的形成历程本身就是理论自觉的表现，因为理论自觉首先最根本的问题就是自觉什么，也就是要建立什么样的中国社会学，而社会运行学派的使命是建构世界眼光与中国气派兼具的中国社会学。社会运行学派提出“增促社会进步，减缩社会代价”的社会学深层理念，反映出它自学术起步、奠基始即有较清晰的理论自觉意识[1]。经过30多年的发展，社会运行学派已经创立了“社会运行论”“社会转型论”“学科本土论”“社会互构论”及“实践结构论”等深具世界眼光与中国气派的特色理论。郑杭生教授的主要代表作有《社会学概论新编》《中国社会结构》《二十世纪中国的社会学本土化》《中国社会学史新编》等。

社会运行学派的形成过程是与处于快速转型的中国现代化进程同步的。社会运行论是在中国社会经历了“文化大革命”时期的恶性运行与畸形发展后的背景下形成的。社会良性运行与协调发展观念的提出，是在回溯诸子百家考察和论述社会治乱兴衰原因及规律基础上的高度概括和总结。与此同时，良性运行与协调发展的理论视角，也是对新中国社会发展经验和教训的总结与反思。正因为“社会运行论”包含了中国元素和中国经验，使得这一理论成为其建设中国特色社会学理论和创建社会学中国学

[1] 董驹翔，董翔薇．论郑杭生教授创立的社会运行学派[J]．哈尔滨工业大学学报：社会科学版，2012(4)：9-12.

派的重要基石[1]。20世纪80年代,中国社会进入快速转型期,在此过程中,有人提出中国社会正在由社会主义转向资本主义。1989年,郑杭生教授在《中国社会:从传统社会向现代社会的转型》一文中强调,中国社会是在由农业社会向工业社会转型、由传统社会向现代社会转型,经济体制由计划经济向市场经济转轨。并提出了"转型中的中国社会""转型社会""社会转型"等转型论的核心概念,社会转型论由此形成。该理论正确地认识了转型中的中国社会,并解答了转型过程中的各种问题。社会转型论认为,中国社会的转型既不同于西方资本主义国家的由传统社会向现代社会的转型,也不同于苏欧国家由现代社会主义向现代资本主义的转型,而是一种新型现代化的道路。这是中国学者对于中国现代化最贴切的认识与解释,也是中国社会学对世界社会学的杰出贡献——现代化道路并非只有西式现代化,中国社会的现代化过程正在向世界展示和阐释一种新型的现代化道路。社会学的主要任务就是通过实践发现社会结构的内在规律及其独特性,并使之上升到"理论"的高度[2]。中国社会没有沿着西方学者所设想的轨道走下去,绝不是从社会主义走向资本主义,而是开创了一条中国特色社会主义道路,亦即新型社会主义道路。社会转型论的提出是中国社会学家高度理论自觉的表现,也是中国学者学术自信与学术自强的体现。

社会运行学派的形成是社会学中国化成功的标志。学科本土论认为,社会学中国化的两个重要问题:一是"增强主体意识,弱化边陲意识";二是创建社会学的中国学派。对于中国社会学来说,学术话语权不是别人能给的,是要自己争取的,而要真正具备与世界社会学平等对话的能力就必须发展壮大自己的社会学,尤其是要建立真正的中国学派。因此,中国学派的建立,既是本土化成功的表现,同时又自然地增强了主体意识。中国社会学只有自己发展壮大,有属于自己可美的东西,才能和西方社会学平等对话,从而打破长期以来学术话语权被西方社会学垄断的状况,达到世界

[1] 陆益龙. 从学派自觉到理论自觉——郑杭生对中国社会学及理论的贡献[N]. 北京日报,2012-06-18(24).

[2] KACHANOV Y. What is sociological theory? [J]. Social sciences, minneapolis, 2003, 34.

社会学的“美美与共，天下大同”。

社会运行学派创建过程中形成的“社会运行论”“社会转型论”与“学科本土论”，都高度地体现了中国社会学的理论自觉意识和能力。理论自觉是提高中国社会学在世界社会学格局中理论地位的有效途径❶。

三、中国社会学的当代格局

社会学在中国自恢复重建以来，尤其自社会学的理论自觉确立以来，在许多研究领域都取得了不少成就，不仅在理论上形成了比较完整的学科体系和较为规范的学术范式，具备了与西方社会学进行学术对话的能力，而且在实践上也基本具备了能够回应当代中国社会转型中出现的新问题、新挑战的能力，为中国社会建设做出了巨大贡献❷。中国社会学在世界格局中的地位正在发生改变，也正在改变世界社会学的格局，长期以来欧美社会学占据社会学统治地位，但随着中国社会学的壮大而被打破，中国社会学正在为世界社会学“去中心化”做出贡献。但与此同时，中国社会学内部也已逐步形成了新的格局，这种状况可以被称为“一超三强”的新局面。一超是指以北京为中心的北京社会学；三强分别是以上海、南京为重镇的华东社会学，以武汉为重镇的华中社会学和以广州为重镇的华南社会学。中国社会科学院社会科学文献出版社社长、中国社会学会秘书长谢寿光先生2011年12月18日在北京市社会学会成立30周年大会上指出：“目前，中国社会学的发展已经取得了一定的成就，而且也形成了相对性的学术重镇。对于北京的社会学发展来说，我们一定要在充分利用资源的基础上，构筑起全国性的社会学学术中心，超越地方性的学术重镇发展格局。”谢先生这段话背后所隐含的殷切期待就是，寄希望以北京为中心的社会学共同

❶ 李潇潇．理论自觉与中国的学术话语权——访著名社会学家郑杭生教授[N]．中国社会科学报，2010-09-09(5)．

❷ 文军．中国社会学的自觉[N]．中国社会科学报，2010-04-20(11)．

体，能够在未来的社会学发展道路上，引领全国社会学的发展潮流[1]。应该说，谢先生的这种殷切期望已经变成了现实，北京社会学的全国中心地位已经形成，中国社会学的新格局也已基本凸显出来。

从表5-1可以看出，近10年来，《社会学研究》上共发表文章644篇，其中北京学者的有296篇，占总量的46%，数量绝对领先。以上海、南京为重镇的华东地区发表在该杂志的文章数量也排名靠前，此数据如果将浙江杭州的数据添加进去的话比例会更高。华南社会学重镇广州以中山大学为主，若将福建的厦门大学数据计算在内的话其比例也会提高。从表5-1中可以看出，武汉的数据并不占明显优势，但依然远高于其他省份和地区。除了“一超三强”地区之外，《社会学研究》还发表了较多的中国港澳台地区与国外社会学者的文章，比例也较高。除以上地区外，全国其他地区所有的数据加起来仅占15.65%，而这些里面还依然主要以杭州、天津、厦门、吉林为主。

表5-1　2002-2011年《社会学研究》发表文章数量统计[2]

文章归属	北京	上海南京	武汉	广州	港澳台地区	国外	其他地区	作者信息不详	总量
发表数量（篇）	296	110	16	39	39	42	101	1	644
占比（%）	46	17	2.5	6.1	6.1	6.5	15.65	0.15	100

从表5-2中可以看出，人大复印资料《社会学》近10年共转载1531篇文章。从转载文章的作者归属地来看，此数据和《社会学研究》发表文章的数据基本能够互相印证。表5-2数据表明，北京作者占总量的44%，与表5-1的46%非常接近，进一步证实了北京是中国社会学的全国中心，处于绝对领先的地位。上海、南京的数据也非常接近（分别是17%和19.2%），表明华

❶ 姜利标．变化发展中的中国社会学[J]．中国图书评论，2013（8）：75-78.

❷ 文章为多作者的将其统计在第一作者所在地区。

东地区的社会学研究也非常活跃,是继北京之后的地区性的社会学重镇。以上两表的数据也表明武汉和广州仍然是华中和华南的社会学重镇。这两组数据[1]进一步验证了中国社会学"一超三强"的格局。另外我们也可以看出,《社会学研究》发表中国港澳台地区与国外文章的比例还是比较高的,而人大复印资料《社会学》转载的文章中这两个比例均低于《社会学研究》,但后者转载国内其他地区文章的比例明显高于前者发表的比例。

表5-2 2002-2011年人大复印资料《社会学》转载文章数量统计[2]

文章归属	北京	上海南京	武汉	广州	港澳台地区	国外	其他地区	作者信息不详	总量
发表数量(篇)	669	297	74	69	19	72	312	19	1531
占比(%)	44	19.2	4.8	4.5	1.2	4.7	20.4	1.2	100

从表5-3可以看出,社会学硕士点的数量从分布上来看,北京不占有明显优势,但博士点占有率超过总量的1/4、博士后流动站占总量的1/3、二级学科国家重点学科占一半,尤其是最高水平的一级学科国家重点学科和人文社科重点研究基地都在北京,其他地区均无,这说明北京的全国社会学中心的地位无法撼动。从学科点以及研究基地的分布可以明显看出中国社会学的"一超三强"的格局,即以北京为中心,以上海/南京、武汉、广州为主要学术重镇的社会学基本格局。西部地区社会学发展明显滞后,截至2013年年底,西部地区没有一个社会学二级博士点。形成了中国社会学东部强、西部弱的不均衡局面。

❶ 虽然仅凭此说明中国社会学的格局并不是最有说服力的证据,但这些数据在相当层面上说明了中国社会学在该地区的活跃程度以及对全国的影响力,因此依然是比较有效的测量指标。

❷ 文章为多作者的将其统计在第一作者所在地区。

表5-3　学科点及研究基地分布状况

测量指标	北京	上海 南京	武汉	广州	其他 地区	总量
社会学硕士点	15	16	6	2	55	94
社会学博士点	5	6	3	1	5	20
博士后流动站	4	4	1	1	2	12
二级学科国家重点学科	2	2	0	0	0	4
一级学科国家重点学科	2	0	0	0	0	2
教育部高校人文社科重点研究基地	2	0	0	0	0	2

第二节　当代中国社会学的研究特点

恢复重建后的中国社会学如同改革开放后的中国经济一样蓬勃发展，取得的成就有目共睹。尤其自中国社会学进入“理论自觉”阶段以来，中国社会学的研究成果逐渐丰硕，呈现出许多新的研究特点。

一、中国社会学主要研究国内问题

从当今中国社会学的研究现状来看，国内学者仍然将主要精力放在“中国问题”上，较少涉及“世界问题”。以2011—2013年中国社会学会年会的研究主题为例：2011年中国社会学会年会在江西南昌举行，整个会议有4个单元和33个论坛，会议的主题是社会建设与生态文明，在33个论坛中，有一个论坛讨论了东亚社会学，另一个论坛在讨论社会发展和社会政策中涉及了国际经验及对中国的挑战；2012年中国社会学会年会在宁夏银川举行，会议有4个单元和37个论坛，在37个论坛中，没有直接讨论国际问题的，有3个论坛涉及国际经验和国际视野；2013年中国社会学年会在贵州贵阳召开，会议有4个单元40个论坛，在40个论坛中，只有一个论坛即“中美俄比较视野下的社会不平等(英文)”涉及国际问题,而且还是比较研究。中国社会学会年会目前是中国社会学界规模最大、参会人数最多,也最能反映中国社会学研究特点的综合性会议,虽然仅从论坛的数量和主题上就对中国社会学的研究特点进行定性难免有些片面或武断,但能在很大程度上反映出中国社会学的研究重点和主导方向。从最近2011—2013年的年会主题上看,中国学者没有开展对西方国家、非洲国家、东盟国家以及中国周边与中国有密切联系国家的研究。中国现在正处在一个国际政治环境并不十分友好,然而外贸出口又占世界第一、对外关系日益扩展,周边安全面临严重挑战的国际环境中,中国社会学界不重视国际问题与世界问题的研究是一个严重的不足。

中国正在逐渐走向世界,世界也越来越需要了解中国。经济的强大是一个国家走向世界的基础,但不是目的,目前最紧迫的真正需要提升的是大家通常所说的“软实力”。中国要在国际社会中扮演重要角色仅仅依靠经济实力是远远不够的,要处理好国际事务问题仅仅依靠国际关系专家的理论与观点也是不够的。当今中国要走向世界就必须要有全球发展战略。长期以来,我们对于国家的发展战略思想只能从少数国家领导人的讲话中得知,认为这些事情是中央政府或者中国社科院的任务,与我们普通社会学者无关。美国社会学界对于世界的研究与了解,无论是在政治、经济、文化还是国防等方面都是很全面的,都有一套世界发展战略。中国社会科学研究人员对于世界各国历史、经济、政治、宗教、文化及社会发展的研究相当薄弱。即使我们当年援助或者正在援助的某些发展中国家,不但不领我们的情,还会反目成仇,这些问题仅仅靠外交手段是难以解决的,需要我们社会科学工作者进行科学、规范、深入的研究,才能给政府提供有效而正确的决策依据。

中国社会学的本土化绝不是要我们只研究中国、不研究世界,而恰恰是要我们在认识中国的基础上,从中国的历史角度去认识世界、认识西方,为全世界提供一条全新的了解世界的新途径,而不能仅仅拘泥于西方人提供的世界图谱。相当多的西方人认识中国是通过那些所谓的“中国通”，但这些人对中国的了解是非常有限和片面的，中国社会科学工作者要有自身的研究成果并将之贡献于全世界，让中国走向世界，让世界了解中国。总之，中国学者的对外研究还有很大的发展和改进空间，世界上没有任何一个国家或民族会等到中国发展起来以后再与中国竞争。

二、中国社会学创造自己理论的信心不足

与美国社会学相比较，中国社会学的分支还没有那么多，也没有那么精细，但中国社会学研究依然呈现出过分重视经验研究，而对宏观理论的研究重视不够的问题。美国社会学者的研究分支过细，到目前已经显得过于分散，在某种程度上失去了重点，也很难创造出宏观理论，因此，自帕森斯以后，美国再也没有出现世界级的社会学家，这与其研究过于分散有关。中国社会学在一定程度上跟随了美国社会学的研究步伐，但即使美国社会学有很多研究中的不足，然而其实证主义主导下的精细的量化研究依然在世界领先，无法比拟。李强教授在讨论中国社会学本土化实现途径中认为，当前中国社会学的核心是“以建立关于中国社会的‘中距理论’来实现中国社会学的本土化”。他认为目前创建宏大理论体系的时机不成熟，“因为这类体系所必需的理论和经验的基础工作还进行的不够，‘中距理论’的作用，就是要连接宏大理论与经验事实之间的鸿沟，在微观具体与宏观抽象的中间位置，建立起一种中介”[1]。然而，默顿的“中层理论”的提出，恰恰是建立在帕森斯已经创立了宏大的结构功能主义理论与美国经验研究相当发达的基础之上的，正因为如此，默顿才提出需要“中层理论”来连接宏大理论与经验研究之间的鸿沟。而中国社会学目前刚好处在经验研究还不够细化，但同时又拒斥宏大理论研究的尴尬境地中。此时，既不能批评精细的经验研究，更不能忽略宏大的理论研究。就像郑杭生先生提出的

[1] 李强．社会学中国化需要建立“中距理论”[N]．中国社会科学报，2009-11-03(2)．

中国社会学应该具备“顶天立地”的精神。这句话可以从两方面来理解：一方面，是我们既要和国际社会学前沿保持密切联系，又要从中国传统社会思想中挖掘精华；另一方面也可以理解为，中国学者既要有创建宏大理论的胆识和魄力，又要有进行精细经验研究的能力和毅力，这才是真正的中国气派。

从近些年中国社会学会年会的论坛主题上我们可以看出，中国社会学的研究非常分散，并且呈现出继续分化的趋势，但我们目前又不具备美国所倡导的在实证主义主导下的精细的量化研究，这里所说的实证主义主要是一种精神，是那种实事求是、注重科学、以证据为先、注重实际应用价值的调查研究和严密的逻辑分析的方法与态度[1]。这种研究的过于分化还体现在在校博士生的学位论文中，博士研究生是将来中国社会学的接班人与主力军，他们的研究风格将会直接影响中国社会学的未来。目前出现的趋势是博士生一般不尝试做宏大的理论研究，又不愿意进行科学严密的实证研究，导致博士生的毕业论文出现“不上不下”的局面。因此，在中国目前的研究现状下，我们一方面要鼓励从事经验研究的学者能够静下心来真正深入到社会基层，发扬实证主义精神，用高效度的研究成果来揭示和解释中国问题的真正内涵；另一方面，中国学者应该敢于和勇于创造属于自己的宏大理论，只有创建自己的宏大的社会学理论才能实现真正的本土化，以帕森斯为代表的结构功能主义宏大理论的出现才真正确立了美国社会学在世界社会学格局中的“霸主”地位。

敢于创建自己的学术理论是学术自信的表现，任何理论都不是在“万事俱备”的条件下创立的。在今天我们的学者中，往往只引用西方学者的研究成果来陈述自己的观点，对不同的论点进行辩论时，也是多引用西方学者的观点，很少有人引用自己的研究成果，这是一种学术上的“边陲思维”。还有一种缺乏信心的思想就是认为中国目前的社会科学发展水平还没有达到创立自己理论的高度。“事实上，当亚当·史密斯（Adam Smith）于1776年发表《国富论》的时候，资本主义的市场经济和对市场经济的研究都

[1] 汪天德. 美国社会学与中国社会经济的发展[M]. 北京：中国人民大学出版社，2013：167.

还没有发展到一个很高的程度。当毛泽东于1938年发表《论持久战》时,中国的全面抗战也才刚刚开始,对抗战的研究水平就更不高了。同样,当孔德(Auguste Comte)在1830年至1842年间提出实证主义哲学理论的时候,实证主义的研究方法也才刚刚开始发展。如果中国的学者们长期看着中国的社会与经济在摸索中前进而又不去发展自己的理论,那就是一种失职。"[1]中国学者既应该有不断虚心学习外国理论的胸怀,也应该有挑战现有社会科学理论的信心和勇气。在社会科学的发展进程中,应该积极倡导竞争,敢于创立新理论,敢于创立自己的理论。

三、中国社会学重视农村问题研究

中国城市化的速度很快,但总体上来说城市化水平还不高,中国的农村人口至今仍然占50%左右,从绝对数字上来说,中国有6亿以上的人生活在农村。中国农村的社会问题也是非常复杂的,中国学者重视农村社会的研究是非常正确的。2011—2013年的社会学会年会中每年都有直接的关于农村社会学主题的论坛:2011年的年会中有"中国乡村生态文明建设研究";2012年的年会有"农村社会管理:问题与创新""农村社会学论坛""中国乡村社会管理改革的目标与路径选择"等;2013年的年会有"2013年农村社会学论坛——新时期的中国农村发展""从美丽山地到美丽中国:山区社会与文化发展研究"等。这些主题都是直接关于农村社会的研究,还有一些主题是涉及农村人口或农村问题的。总的来说,中国社会学对于农村社会的研究是比较重视的,而且也形成了以武汉为学术重镇的农村社会学研究中心。另外,中国农村社会学年度论坛自2010年在安徽大学举办首届以来,已成功举办多次,均已取得了良好的效果与社会反响。

自改革开放以来,中国农村发生了翻天覆地的变化,农村问题显得格外重要与复杂。然而,农村很多迫切需要解决的社会问题没有得到应有的

[1] 汪天德. 提倡一点实证主义[J]. 云南民族大学学报:哲学社会科学版,2006,23(1):48-53.

社会关注，也没有得到及时的解决，具有重要学术意义的研究成果十分有限。某些农村社会问题的解决，也往往是发生了群体事件之后才引起政府部门的关注而得到解决，这种解决问题的方式所付出的代价是巨大的，效果并不是很好。中国农村社会学在本土的经验研究和外来理论之间，总有一种张力无法化解，由此产生了农村社会学学科定位和社会型构的双重危机。如何在本土经验研究和理论思考、学术研究和政策研究之间，寻找贯通之路，以弥合目前日益突出的经验研究和规范研究的裂痕，对于中国农村社会学的学科建构及农村社会学研究发挥实践功能而言，既是挑战，也是机遇[1]。

因此，中国社会学研究还有必要继续加强对中国农村的关注，促使社会与政府部门及时地了解中国农村，解决农村问题，并使农村社会能健康地向前发展。只有中国农村的问题解决了，中国社会的主要问题就解决了，只有农村发展了，整个国家才能真正得到全面发展。

四、对社会学研究方法重视不够

2011—2013年的社会学会年会主题中，仅贵阳年会（2013年）有一个关于研究方法的论坛："怎样上好方法课？——《社会研究方法》教学研讨会"。而且这个论坛主要是一个社会学研究方法的教学经验交流会。我们普遍认为本土化主要是理论的本土化，研究方法是可以直接借用西方社会学已经普遍使用的成熟的方法与技巧。然而，社会科学的研究方法依然应该是建立在其本国社会发展状况与文化传统基础上的。以社会学研究最常采用的问卷法为例来说明研究方法也是具有本土化特质的。问卷法可以说是美国实证社会学最常采用的研究方法，而且被公认为可信度很高的研究方法，但这与美国社会发展状况关系密切。第一，在崇尚个人自由的美国社会，大胆表达自己的意见和见解从小就受到鼓励，因此，他们会比较

[1] 李远行．农村社会学年度论坛（2010）：危机与挑战[N]．中国社会科学报，2010-07-27（11）．

没有顾忌地发表自己“真正”的想法，而且也善于表达；第二，由于美国教育水平普遍较高，一般人对文字的运用与理解问题的能力比较强，能够较好地把握问卷的含义。因此，美国人只要诚心愿意合作，问卷所得资料的可信度是很高的。然而，我们中国社会一向不鼓励表达自己的看法，力求低调、收敛与谦虚，处处企图掩饰自己，顺应多数人意见，不喜欢标新立异，一般人不善于也不愿意表达自己的真实感受、意见或态度。因此，使用问卷进行研究阻力较大，即使勉强应付填答问卷，也有可能可信度较低。尤其当问题涉及个人隐私或政治敏感问题时，更不愿意说实话，往往掩饰自己的真实感受，所得出的结论有可能刚好是相反的。

在社会学研究中，还有很多人缺乏科学的治学精神，学风浮躁，不重视实际的调查研究。目前社会学专业的学生，包括研究生使用的教材，基本上是从美国的研究方法教材中翻译来的，很少有根据中国社会特点提出的研究方法。近些年，中国社会学界在研究方法上取得了较快的进步，但在方法的讨论和研究深度方面还是不够，还有很大的提升空间。

第三节　中国社会学本土化的理论反思

一、中西社会学关系的再评判

理论自觉要求我们对“西方学说”做出自己的理论借鉴。对“西方学说”做出自己的理论借鉴，主要是指中国社会学要自觉学习、借鉴欧美强势社会学的精华和适用之处，使自己能够用世界的眼光，从整个人类实践的高度来解释中国社会和建构中国的社会学理论，从而使自己真正成为世界社会学不可缺少的一支重要力量，逐步培养和提高同国际社会学界平等对话的能力和实力，并在改变学科和学术的话语权一直由西方垄断的局面方面做出中国社会学家自己的贡献[1]。王宁在2006年提出，在这里，有一点需要指出的是，20世纪80年代一些学者对国外社会学不加批判地照抄照搬和今天一些“伪本土化”论者不加区别地简单排斥都是片面的，都不是真正的理论自觉的态度。理论自觉要求我们借鉴西方的目的是要学习西方，进而超越西方。

（一）中西社会学之间的差距依然存在

从当今世界来看，今天的世界需要中国，而中国同样需要世界，中国已然融入世界当中，在全球化程度日益加深的当今世界，世界对于中国的依赖与中国对于世界的依赖是相互的。实际上，中国的崛起并不意味着西方欧美世界的必然衰退，恰恰相反，在社会学界，欧美社会学尤其是美国社会学依然有大量值得我们借鉴的东西。中国社会学经过30多年的恢复重建取得的成就是举世瞩目的，但与欧美社会学的差距依然是明显的。比如美国社会学协会是1905年成立的，而中国社会学会是1979年恢复重建后才真正成立，比美国整整晚了74年，造成了中美社会学发展的巨大差距。到目前为止，美国社会学者创立了一套以实证主义为主的社会学研究方法和一套十分复杂的计算机数据分析方法。他们也创立了以结构功能论、矛盾冲突论和互动理论为主的，主要针对美国国内社会发展的社会学理论。从社会学教育方面来说，美国大部分的院校，从两年制到四年制的大学都开设了社会学课程，美国的研究生教育，从硕士到博士的培养，都很完备。可以说，美国的大学不仅为美国社会，也为全世界培养社会学的研究生。因此，从社会学的研究方法、理论发展到教育，美国社会学都有很多值得我们借鉴的地方。

---

[1] 郑杭生．促进中国社会学的“理论自觉”——我们需要什么样的社会学？[J]．哲学基础理论研究，2013(5)：1-7.

（二）中国经济的快速发展需要中国社会学的发展和改进

中国社会学的发展速度很快，但是其发展速度还远远跟不上中国社会突飞猛进的经济发展和巨大的社会变迁。中国已经成为世界第二大经济体，不久的将来必然成为世界第一大经济体[1]。中国社会发展取得的巨大成就已经远远超出了单纯的经济学范畴，需要中国社会学者进行深入研究与合理解释。非经济因素在今天的发展中占据的位置越来越重要，这就需要中国社会学必须大力发展和改进，而理论自觉则是中国社会学发展壮大的必然途径。由于西方社会在工业革命以后率先开始了城市化与现代化，所以社会学的发展源于西方。西方社会学者对西方社会在工业化、城市化和现代化过程中出现的各种社会问题进行了大量的调查研究，为一个多世纪以来西方社会的发展做出了巨大贡献。西方社会学者，通过对社会问题及社会发展的深入研究，不仅为社会的发展变化提供了合理的解释，也为政府制定社会政策提供了充足的数据。对于西方社会很多大企业来说，社会学者对本国社会及其他国家社会文化的研究为他们的发展提供了宝贵的材料。同时，西方社会学者也创立了一套相对完整的社会学研究方法和社会学理论。因此，中国社会学者面对今天中国社会发生的巨大变迁以及出现的大量社会问题，应该对国外社会学及其他学科的学习采取批判的、有选择而又持久地进行下去的态度[2]。

（三）正确看待西方文明

理论自觉要求我们要批判地学习西方，这是因为包括西方社会学在内的西方文明本身所具有的高傲特点所决定的。沃勒斯坦曾说："自从在大学有了讲授社会科学的院系以来，在其整个有建制的历史上，社会科学是

❶ 根据国际货币基金组织（IMF）的统计，按购买力平价计算，美国1980年在全球经济中占据了25%的份额，而中国只有2.2%。到2017年，即从2013年开始短短4年里，美国的份额将下降到17.6%，而中国则将上升到18%。那时，按照购买力平价计算，中国将是世界上最大的经济体。

❷ 汪天德. 美国社会学与中国社会经济的发展[M]. 北京：中国人民大学出版社，2013：6-7.

以欧洲为中心的，是为回答欧洲的问题而兴起……社会科学既然是在这个熔炉里面形成的，它在选题、推理、方法论和认识论上都反映这个熔炉的局限，这几乎是不可避免的。"[1]我们不得不承认，长期以来西方社会科学理论的一个基本预设就是"欧洲中心主义"。帕森斯一生都在说，他的理论已摆脱了政治与文化价值，也就是达到了科学阶段。然而，近期哈佛大学档案馆所发现的文件证实了人们对帕氏的某些批评，即结构功能主义的价值中立不过是其维持美国的地位与冷战的意识形态[2]。随着以中国为代表的新兴经济体逐渐崛起，很多西方人心理上仍不情愿接受人类"平等"的主张。这个不情愿的心理主要来源是西方道德与价值观永远优越的根深蒂固的假设[3]。只有看清这个假设，才能说服西方世界放下自以为高高在上的身段，看清自己与其他文明的道德与价值并没有高低之分。我们必须承认，西方文明为世界做出了极大贡献，但对世界也造成了伤害，两个世纪的殖民统治已在世界各地留下了深深的伤痕。西方霸权使许多文明受到严重打击，特别是亚洲、非洲与伊斯兰文明。世界上88%的非西方人口向往西方世界的平均生活水平，也希望过上西方人的安定和物质充实的生活，进而认为西方人的生活方式与价值观天生是一种"善"的、"先进"的选择。西方其实并不是本质好或好的一种文明，其行为和大多数国家没有太大差异，其现代制度只是现代社会的选择之一，并不必然具有优越性，西方人应该逐渐明白这一点，非西方人也应该认清这一点。理论自觉要求社会学者逐渐弱化"边陲"思维。其实，要自觉的不仅是中国学者，西方学者也需要自觉自身的文明。此外，中西方民众也应该对各自的文明有一个清醒的认识和判断。

总之，中国社会学经过30多年的恢复重建，已经取得了令人欣慰的成

---

[1] 伊曼纽尔·沃勒斯坦. 所知世界的终结——二十一世纪的社会科学[M]. 冯炳昆，译. 北京：社会科学文献出版社，2002：183.

[2] 安德森. 社会学与本土化问题：历史视野中的加拿大与中国（续）[J]. 社会，1990（4）：11-13.

[3] MAHBUBANI K. 大融合：东方、西方，与世界的逻辑[M]. 韦民，等译. 海口：海南出版社，2013：187.

就,中国社会学的研究方法和理论体系逐渐形成,与西方社会学对话的能力逐步增强,中国社会学的自信心也明显提升。但客观地说,中国社会学与欧美社会学之间的差距依然较大,这就要求中国知识分子应该既看清差距,也应该明白自己的定位,同时能够理性地看待西方文明,进而采用批判借鉴的方式与心态学习西方社会学,并最终超越西方社会学,繁荣世界社会学。

二、中国社会学本土化的历史反思

通过对近些年学界对中国社会学本土化研究的归纳与总结,学界普遍认为,中国社会学必须走本土化道路,而且只能走本土化道路。学界对于中国社会学本土化的内涵、实现条件和途径以及实施步骤与策略等都做了较为充分的探讨,并且在社会学本土化的知识论与方法论层面进行了深入的分析和反思。中国社会学走过的曲折道路,实为一部社会学中国化的画卷,不管我们对社会学中国化在学术上有多大的争论,但我们已经置身于广义的社会学本土化的潮流当中,这是由社会学的学科性质与本土化的世界潮流所决定的。中国社会学的百年历程与当代脉动给予了我们社会学本土化的巨大启示,同时也要求我们做深刻的理论反思。

(一)社会学不同于自然科学

社会学与其研究对象之间的关系必然不同于自然科学与其对象的关系。原子不可能懂得科学家对它所做的解释,也不会根据科学家的知识改变自身的行为。但是,人类却会这样。我们人类无法像了解自然世界中的客体或事物那样来了解社会或“社会事实”,因为社会仅仅存在于人类自身的创造和再创造中。在社会理论中,我们不能把人类活动看作是由因果关系所决定的事物,就像自然事物那样。“只有从我所说的个体与制度之间的双重介入的角度,我们才能把握它,我们在创造社会的同时,社会也在创造我们。”[1]正是由于上述原因，我们认识到，社会科学不同于自然科学，这也是我们反对自孔德以来认为应当以自然科学的方式来型构社会学的看法，我们必须将社会科学与自然科学区分开来，只有如此，才能讨论社会学的本土化问题，这是社会学本土化的前提。

(二)社会科学是有阶级立场的

尽管只有马克思主义承认社会科学的阶级性，但实际上社会科学是离不开自身的政治立场的，西方社会理论对于“价值中立”的宣称就如同在当今世界任何一个国家的统治者都宣称自己所实行的是“民主政治”一样，无论他们的实际情况是否如此。然而，社会科学的阶级性不完全等同于马列主义的阶级立场，而是社会科学背后所隐含的国家利益。1895年，一向倡导价值中立的韦伯在弗莱堡大学发表就职演说时，强烈主张民族国家的“帝国主义”利益，韦伯宣称：“在社会政策上我们努力的目标不是要使世界幸福，而是要把一个被经济进步包围的国家社会性地统一起来……”[2]帕森斯一生宣称自己的理论已经摆脱了政治与文化价值，也即达到了科学阶段，但最新研究证实了人们对其批评，即结构功能主义的价值中立不过是其维持美国的地位与冷战的意识形态。无疑，在当前国家之间激烈竞争的格局下，社会科学不可能真正做到不偏不倚，而往往是为其国家利益服务的。金耀基早就指出，“西方的学术优势与西方的政治优势不是毫无关联的，而一个国家或社会在学术上追求独立或扫除学术殖民阴影毋宁是政治上独立的精神支柱”。正因为社会科学所具有的阶级性，我们应该理性对待西方社会理论，不能盲目照搬，而应该批判地借鉴，这是社会学必须本土化的内在原因。

---

[1] 安东尼·吉登斯. 社会学——批判的导论[M]. 郭忠华，译. 上海：上海译文出版社，2013：8-9.

[2] 安东尼·吉登斯. 资本主义与现代社会理论——对马克思、涂尔干和韦伯著作的分析[M]. 郭忠华，潘华凌，译. 上海：上海译文出版社，2013：244.

（三）社会学国际化的普遍性与本土化的特殊性的关系

长期以来，人们将国际化与本土化看作一对对立的范畴。批评本土化的学者也是认为国际化是总趋势，本土化是民族化、地方化的一种表现，这与本土化一般表现在民族国家层面上有关。如果将国际化理解为一元化、西方化，那么就与本土化是相矛盾的，本土化也就没有存在必要。然而，国际化并非一元化，而恰恰是多元化、去西方化、去中心化的过程。从逻辑上看，普遍性与特殊性是对立范畴，但是，只要坚持普遍性的追求，就可以在一个更高的抽象层次上，或者更深层的因果关系、更复杂的统计模型中，把所有特殊性理解为“差异”来纳入一般法则式的理论陈述[1]。因此，关键在于如何界定国际化的概念，如果将国际化等同于美国化、欧洲化，那么非欧美国家的本土化都会被视为反国际化的，但如果将国际化抽象为包含美国化、欧洲化、中国化、拉美化等更高层次的范畴，那么国际化与本土化将是普遍性与特殊性的统一，而非对立，正是因为形形色色的本土化才构成了丰富多彩的国际化与全球化。

（四）正确理解实证主义研究

实证主义作为社会学三大研究范式之一，是以孔德、斯宾塞等社会学创始者为代表，并经古典社会学的代表人物迪尔凯姆发展后日趋成熟的社会学研究范式。实证社会学认为社会现象和自然现象之间并无本质的区别，它们遵循同样的方法论准则，都可以用普遍的因果律加以说明。“社会学这门学科只有在认识到把社会事实当作实在的物来研究时才能诞生。”[2]迪尔凯姆的这句话说出了实证主义的本质，他也由此开创了实证主义社会学研究传统。实证主义研究范式从本体论上来说，它提倡朴素的现实主义，认为现实是真实的，而且是可以被人们所认识和了解的；从认识论上来讨论，它持二元论的、客观主义的认识论，强调研究结果是真实、可信的；从

❶ 李宗克．社会学本土化的理论反思[J]．探索与争鸣，2011（10）：75-77.

❷ 迪尔凯姆．社会学研究方法论[M]．北京：华夏出版社，1988：11.

方法论上衡量,是实验的、操作性的方法论,强调对研究假设进行实证和整体主义研究,主要采用量化的研究方法。

在中国当前社会学研究中,有些人认为问卷调查加统计分析就是实证研究,大量研究仅仅停留在经验的描述和资料的堆砌阶段,并没有进行深入的理论分析和解释,实际上这只是实证研究的起点,真正的实证研究必须在此基础上做更深入的研究。因此,不能仅仅停留在收集资料的阶段,而应该进一步分析达到理论层次。实证主义作为一种研究范式和方法论,对应的概念是人文主义和批判主义,而经验研究对应的是理论研究,不应该将这两个概念等同起来。

经验研究作为社会学研究的基本类型与方法之一,它是与纯理论研究相对而言的,通常指收集第一手资料的研究。在社会科学中,经验研究一般是指通过现场观察、访问和社会调查来搜集经验资料的研究,它有别于"图书馆研究"或文献研究。前者是直接从研究对象那里获得第一手资料,而后者则间接地搜集第二手资料。在这一用法中,"经验研究"包括调查研究、参与观察和社会实验。而实证研究则更多的是一种研究视角,往往和定量分析方法结合在一起,既可以分析第一手资料,比如调查研究,也可以分析第二手资料,比如内容分析法等。因此,经验研究和实证研究既有区别又有联系,但二者不能混淆和等同。

当代中国社会学受美国社会学影响,实证主义研究取向非常明显。尽管实证主义社会学有其众多的优点和优势,但其缺陷依然是十分明显的。国内外学者对实证主义社会学的批评声也是不断的。布迪厄多次对发源于法国的实证主义传统展开过批判,他一再声称,社会学必须放弃单纯的科学理性,而应该同文史哲达成联姻,既要面对社会生活的客观存在,也要追求人生的意义与生活的价值。吉登斯也很明确地反对实证主义立场,他认为实证主义的客观原则是片面的,实证主义根据客观原则把社会生活解释为由外在的客观结构决定,是不符合事实的。郑杭生认为作为实证主义科学观的"价值中立"是一个在总体上包含根本缺陷但又有局部合理性的西方社会学方法论原则，是一个在国外学术界有严重分歧、毁誉参半、仍难一致的争论问题，是一个在本质上与马克思主义相左但又有部分一致的理论命题，因此，对它极有必要采取具体分析的态度[1]。周蔚华、郭星华、杨敏、王海燕等国内学者都对实证主义研究方法所主张的价值中立的观点提出了批评意见。

这些对于实证主义的批评都是有道理的，定量分析的方法也不一定适合任何时候。美国的实证社会学虽然很发达，但却出现了部分社会科学的研究人员花费巨大的人力财力，采用极其复杂的统计模式来分析证明非常简单的社会现象，这不值得效仿。因此，实证主义的局限性需要我们去正视。

[1] 郑杭生．究竟如何看待“价值中立”？[J]．社会科学研究，2000(3)：94-102.

第六章　结论与讨论

第一节　基本结论

本研究通过对理论自觉与中国社会学本土化历程的梳理和考察，得出以下基本结论。

一、中国社会学本土化伴随着中国社会学发展的始终

中国社会学本土化亦即社会学中国化是一个伴随着社会学传入中国后的长久话题，其历程实为一部展开的中国社会学史。从社会学传入某个国家或地区开始，实质上就开始了其本身适应传入地的“运动”。实际上，社会学研究具有“实用”品质就说明本土化已经发生，实用意味着社会学对自身所在地问题的重视，那么研究素材自然而然地就以当地为主，所以说，早已具备实用品质的中国社会学一开始就具有本土化的潜质。社会学本土化不管社会学者是否意识到该问题，本土化运动是与其“形影不离”的，这也是社会科学的特性之一。中国社会学从新中国成立前就已经开始了自发的本土化，这个阶段的本土化运动主要是出于社会学者对西方强势社会学的回应，是一种学术自觉意识不明显的本土化。新中国成立后，中国社

会学经历了特殊的本土化，即对社会学的改造。社会学后来被取消，实质上也显示了中国特殊环境下的特殊本土化——学术对政治的妥协。正因为如此，也证明了社会科学是与自然科学不同的学科。尽管我们不愿意看到社会学遭遇如此不公的对待，但需要我们反思的是社会学为什么会被取消。改革开放后，社会学恢复重建，正是由于重建之初中国社会学选择了与中国社会环境比较吻合的道路，才有了今天中国社会学的成就与繁荣。总之，从中国社会学发展史来看，只要中国社会学走本土化道路，其发展与成就就比较明显，反之，则步履艰难，停滞不前。尽管目前学界对于中国社会学走本土化道路并未形成高度共识，但中国社会学本土化已经是一股不可逆转的潮流，而且是必须要走的道路，也只有如此，中国社会学才能壮大与繁荣，也只有如此，中国社会学才能与西方社会学展开平等对话，达到真正实现世界社会学的繁荣。

二、社会学本土化是学术自觉的表现

理论自觉要求从事社会学教学与研究的人员要有“自知之明”。从真正倡导本土化的学者来看，他们都是学贯中西的大家，既掌握传统文化的精要，又谙熟西方文化的来龙去脉，正因为他们对于中西社会学的联系与区别有非常深刻与理性的认识，才提出了社会学本土化的倡议，也真正反思中国社会学的命运与未来。

孙本文从4岁开始在私塾接受启蒙教育，13岁后开始接受新式教育，北京大学哲学系毕业后28岁那年考取公费留学，1921—1926年留学美国，先后在哥伦比亚大学、纽约大学和芝加哥大学攻读博士学位与访学，在此期间，接受了吉丁斯、彭德尔和奥格本等著名学者的指导和影响。他从“四书五经”到西洋哲学，从旧学到新学的熏陶为其后来提出社会学中国化打下了坚实的基础，也影响了他后来为社会学中国化所做的努力。

吴文藻5岁上小学，高小毕业时成绩名列榜首，在江苏省南菁中学学习一年后考上了清华学堂,后又官费留学美国。早在清华学堂期间他就接触到了西洋文化,在美留学期间,吴文藻除社会学基础课外,还选修了逻辑学、社会伦理学、英国宪政史、福利经济学、生物学和化学等课程。在哥伦比亚大学攻读博士学位期间,他又学习了文明与社会、西方社会思想史、人口问题、社会立法、统计学以及法文和德文等课程,同时还选修了近代欧洲史、心理学、社会心理学、经济思想史、伦理学等课程。在此期间,他还受到美国人类学家博厄斯及其弟子本尼迪克特的影响,并且经常去纽约大学听著名人类学家戈登威煞(A.Goldenweiser)讲解《人类学:〈原始文化〉导论》。所以说,吴文藻是深受英美文化影响的,他后来创立的深具中国气质的社区学派实际上都是受到了他在美国这段经历的影响与熏陶。

中国特色社会学理论的开创者——费孝通与郑杭生也都是具有中西教育背景,并且对中国传统文化与西方文化都有着深刻的理解与认识。费孝通是著名人类学家马林诺夫斯基与布朗的学生,这是大家熟知的,他深受功能学派的影响,也是社区学派的重要代表人物。郑杭生在1980年考取国家公派留学资格后,中国人民大学交给他的任务是进修分析哲学,但在英国布里斯托大学邀请他到该大学社会学系工作和进修后,他毅然选择了社会学,开始参加当时由费孝通主持的社会学"月谈会",还与他人合作翻译了《现代资产阶级理论社会学批判》一书,并于1981年11月到布里斯托大学进修社会学和分析哲学❶。

因此,中国社会学本土化绝非国内学者为争取学术话语权而发起的拒斥西学的民族运动,而恰恰是对西方社会学有了深刻了解与反思后才做出的理性抉择,是出于对中国社会学的深刻关怀与长久发展而做出的明智之举。真正的社会学本土化正是学术自觉的具体表现,也是在实践层面践行理论自觉的典范。

❶ 奂平清."理论自觉"与中国社会学的发展[J]. 西北师大学报:社会科学版,2012,49(3):42-48.

三、理论自觉能够增强中国社会学的原创力与想象力

社会学中国化的趋势虽然是显而易见的,但由于早期社会学中国化是初级本土化,缺乏高度的学术自觉意识,尽管当时社会学之花在中国盛极一时,但毕竟是昙花一现,缺少持续的动力。理论自觉的提出,是中国社会学者长期反思的结果,尤其是对社会学中西关系的深刻认识与反思后提出的。

进入近代以来,随着西方科学文化的全球蔓延,欧美的社会科学如同自然科学一样被处于"边陲"的亚非拉地区逐渐接受、认同。中国经过30多年的改革开放,在社会结构上与西方社会有许多地方出现同质化趋向,人们很自然地认为西方社会学知识同样适合中国社会,逐渐地丧失了中国社会学的原创力与想象力。这种取向的直接后果表现在社会学研究上就是除了研究对象与主题是本地的以外,无论知识概念、研究方法和理论架构等都是完全照搬了欧美社会学的原版。长期以来,中国社会学这种亦步亦趋的成长历程导致社会学界缺乏一种原创的动力,绝大部分的社会学研究始终徘徊在资料的初步收集与描述上,总是做着用中国本土资料来验证西方社会学理论,从事这样的研究也比较符合西方人的口味,这些研究成果也往往容易在欧美学术期刊上发表,一旦这些原始资料和数据流落到国外学者手中,他们再加以提炼,反过来又成为边陲地区学习模仿的对象。所以说,长期以来我们做了大量的社会学初级加工的工作,但这种互动关系并未被广大知识分子所意识到,而将这种"加工移植"视为正常、自然的中西关系,导致中国社会学缺乏原创力与想象力。

理论自觉要求社会学者对自身理论和他人理论进行深刻反思,反思的过程实际上也是一个思想解放的过程,即中国社会学从西方强势社会学中解放出来。这就首先要求我们具备一种解放的意识,同时要具备解放自身的能力。只有如此,我们才能创造出中国特色的社会理论,才能提出"差序格局""社会运行""社会转型"等深具中国特色的概念术语。中国社会学者

只有具备理论自觉的学术信念，才能正确处理社会学的中西关系，才能对自身理论与他人理论进行反思和批判，也只有如此，我们才能确立自己的创新能力和概念体系，从而彻底改变目前这种不正常的互动关系。

四、中国社会学的理论自觉就是要确立马克思主义社会学

哈贝马斯指出，人类知识的社会基础，除了建立在“技术旨趣”和“实用旨趣”外，尚可立基于“解放旨趣”上面[1]。西方社会学的传统大多数依附在前两个旨趣下发展，而较少发挥“解放旨趣”，这实质上是对社会学社会功能的窄化。马克思主义社会学和西方社会学的创始人马克思与孔德都受到圣西门社会思想的影响，然而他们所创立的社会学说却截然不同。长期以来，我们一直沿着孔德系社会学的发展脉络，将社会学看作一门具有技术性的实证学问，实际上，社会学不仅仅是一门实证学问，它更应该是一门具有解放人类社会特质的学问。解放旨趣的指向是，人可以通过自我反省和自我批判的机制，从历史的种种制约限制中，寻找自我解放的途径[2]。孔德系社会学的技术与实用旨趣对于西方社会的理性启蒙是不可缺少的，但解放旨趣同样是西方社会学传统的基本精神。

西方社会学传入中国以来，我们更多地引进了社会学的技术与实用取向，而从事马克思主义研究的人也主要将其视为革命行动的指南，强调了其革命性，却并未完全深入研究马克思主义社会学关于人类解放的研究旨趣。马克思主义创立前，资本主义制度已经存在，资本主义的生产关系以及资产阶级与无产阶级的阶级关系也已存在多年，并且被视为正常的雇佣关系，不存在剥削与压迫，即使工人阶级也是接受这样的现实的，他们认为自己所接受的对待是公平合理的。但是在马克思眼中，资本主义社会中的工人是处于被剥削的不利“客观”状态。正是由于在马克思主义适当启蒙

[1] HABERMAS J. Knowledge and human interest[M]. Boston:Beacon,1971.

[2] 叶启政. 社会理论的本土化建构[M]. 北京：北京大学出版社，2006：27.

的刺激作用下,资本主义无产阶级才意识到了自身的被剥削地位,也即齐美尔所说的“统治”关系。长期以来西方社会学与非西方社会学也是这样一种看似平等合理,实际上不平等的“统治”互动关系。如若我们将这种互动关系视为正常的话,那我们必将长期处于这样一种“统治”格局中,也就是西方的学术垄断与霸权中。理论自觉就是要求我们从这种关系中解放出来。马克思主义社会学的这种意识启蒙的作用能够促使我们形成一股社会力量来引导中西社会学“统治”格局发生变迁。

西方社会学绝非放之四海而皆准的真理,它是在其特定文化与社会条件下的产物,原本就带有特定的意识形态与价值色彩。从社会学的解放旨趣出发,社会学本土化的目标不应只停留在技术与实用的层面,而是要揭露出其本身所具有的强烈的历史背景价值形态,从而对隐藏在西方社会学理论深处的“欧美理念”进行反思与批判,对自身所特有的历史传统与社会思想进行了解与分析,只有如此,才能创造出有特色的社会学理论,才能为世界社会学提供宝贵的东方经验。

五、中国社会学必须具备全球视野与世界眼光

社会学的本土化尤其中国社会学的本土化是世界性的。一方面,中国社会学的本土化是世界社会学本土化运动的一部分;另一方面,中国社会学必须要具备全球视野和世界眼光。对于中国社会学本土化的认识必须澄清两个误区,主要表现为对本土化认识的片面化与极端化。片面化表现为两种观点:一种是认为社会学本土化就是将西方的研究方法运用到中国社会;另一种观点是研究中国问题就是本土化的表现。极端化的观点也有两种表现,一种是认为本土化是排外主义;另一种认为本土化是相对主义。这两个误区都是对本土化缺乏深刻了解与分析的表现,也是本土化面临的最大阻力。事实上,本土化绝非区域化,其对应的概念也不是全球化或一体化,而是外来化。中国社会学的本土化更多的是倡导一种自觉意

识,即反思批判意识,一旦养成这种学术思维的身心状态,那么即使研究对象不是本土资料也依然是具有本土特色。因此,本土化既有解构,又有建构,既有扬弃、批判,又有吸纳、保留。

中国正在走向世界,世界也需要了解中国,在此国际大背景下,中国社会学者的学术使命是既艰巨又光荣的。目前,中国社会学对国外研究还是偏少,大部分学者将精力主要放在国内问题上。

中国走向世界的决心与能力是不容置疑的,那么,中国社会学也必须为此做出自己的贡献,同时也是中国社会科学家向前拓展,为世界社会学提供中国贡献的最佳时机。

总之,中国社会学的本土化是伴随着中国社会学的发展而发生的。早期中国社会学的本土化是自发的,缺少自觉意识,是初级本土化,但正是由于老一辈的不懈努力为当代中国社会学理论自觉的本土化打下了坚实的基础。当代中国社会学的本土化是高度理论自觉的,既要明白中国社会学的来龙去脉,又要精通西方社会学的发展脉搏。中国社会学已经具备理论自觉的学术心态,正在走向世界,为世界社会学做出自己独一无二的贡献。

第二节　未尽的讨论

中国正在走向世界舞台,其扮演的角色越来越重要,世界对中国的期待也逐渐提高。然而,在此过程中,西方世界却并没有彻底改变对中国的传统看法与偏见,中国在对世界履行义务的过程中并没有享有其应有的权利。国际社会并没有因为中国的经济总量的提升与科技的发展而改变其傲慢的姿态,反而随着中国的强大其所面临的挑战越来越多。从过去的人类历史发展来看,一种文明不可能一直立于不败之地。“物极必反、否极泰来”这句中国《易经》里的话道出了世间万物发展的总体趋势。我们不敢断言西式现代化下的“全球化”已经走到了尽头，但其显露出来的迷茫与困境已经越来越明显。有人认为西方文化是一种阳刚文化，而中国文化是一种阴柔文化，西方文化所特有的阳刚、对立、掠夺的性格很难对全球繁荣提供理论依据，但当今世界的发展需要多元、包容、共赢的文明来引导世界潮流。中国传统文化具有极强的包容、阴柔性格，符合世界发展的潮流，也为中国社会学本土化提供了有利的基础和条件。中国社会学在本土化历程中引入传统文化的优秀成分，在此，其本质是倡导平等对话，去除原来的主仆关系，呈现平等的互动地位，实则有利于全球化的推进。中国社会学的本土化无法也无意于完全颠覆从而取代西式现代化所搭设的架构体系，而恰恰是对其困境所开出的治愈良药。

这么一来，本土化完全可以被视为是引导人类走出“西式现代化”困境的一种可能之路，也是全球社会形成平等、多元、包容、妥协等诸多现代特质的可能之路。因此，中国社会学的本土化不仅是可能的，更是必需的。

参考文献

1. 中文著作

[1]郑杭生．中国特色社会学理论的深化：上卷[M]．北京：中国人民大学出版社，2010.

[2]郑杭生．中国特色社会学理论的探索[M]．北京：中国人民大学出版社，2005.

[3]郑杭生，李迎生．中国社会学史新编[M]．北京：高等教育出版社，2000.

[4]郑杭生．本土特质与世界眼光[M]．北京：北京大学出版社，2006.

[5]郑杭生，等．社会学概论新修[M]．修订本．北京：中国人民大学出版社，1998.

[6]郑杭生．社会学对象问题新探[M]．北京：中国人民大学出版社，1987.

[7]郑杭生，等．社会转型与中国社会学的理论自觉[M]．北京：中国人民大学出版社，2011.

[8]费孝通．论人类学与文化自觉[M]．北京：华夏出版社，2004.

[9]费孝通．六上瑶山[M]．北京：中央民族大学出版社，2006.

[10]费孝通．费孝通全集：第6卷[M]．呼和浩特：内蒙古人民出版社，

2010.

[11]费孝通，等．旧人物的改造[M]．上海：通俗文化出版社，1950.

[12]费孝通．费孝通论文化与文化自觉[M]．第3版．北京：群言出版社，2007.

[13]费孝通．乡土中国[M]．北京：北京出版社，2005.

[14]雷洁琼．雷洁琼文集：上卷[M]．北京：开明出版社，1994.

[15]李培林，汪小熙．费孝通与中国社会学[M]．北京：社会科学文献出版社，2011.

[16]李培林，孙立平，王铭铭，等．20世纪的中国：学术与社会：社会学卷[M]．济南：山东人民出版社，2001.

[17]李培林．费孝通与中国社会学[M]．北京：社会科学文献出版社，2011.

[18]陆学艺，王处辉．中国社会思想史资料选辑：民国卷[M]．南宁：广西人民出版社，2007.

[19]叶启政．社会理论的本土化建构[M]．北京：北京大学出版社，2006.

[20]中共中央马克思恩格斯列宁斯大林著作编译局．马克思恩格斯全集：第31卷[M]．北京：人民出版社，1998.

[21]李大钊．李大钊文集：下册[M]．北京：人民出版社，1984.

[22]李大钊．李大钊史学论集[M]．石家庄：河北人民出版社，1984.

[23]胡适．胡适的自传[M]．上海：华东师范大学出版社，1981.

[24]陈独秀．陈独秀著作选：第2卷[M]．上海：上海人民出版社，1993.

[25]毛泽东．毛泽东农村调查文集[M]．北京：人民出版社，1982.

[26]邓小平．邓小平文选：第二卷[M]．北京：人民出版社，1994.

[27]李达．现代社会学[M]．上海：昆仑书店，1929.

[28]孙本文．当代中国社会学[M]．北京：商务印书馆，2011.

[29]吴文藻．论社会学中国化[M]．北京：商务印书馆，2010.

[30]冰心．我的老伴——吴文藻[M]//吴文藻．吴文藻人类学社会学研

究文集. 北京:民族出版社,1990.

[31]杨雅彬. 中国社会学史[M]. 济南:山东人民出版社,1984.

[32]杨雅彬. 近代中国社会学:下册[M]. 北京:中国社会科学出版社,2001.

[33]王处辉. 中国社会思想史:上册[M]. 天津:南开大学出版社,1989.

[34]王处辉. 中国社会思想史:下册[M]. 天津:南开大学出版社,2000.

[35]应星,李猛. 社会理论:现代性与本土化[M]. 北京:生活·读书·新知三联书店,2012.

[36]刘少杰,胡晓红. 当代国外社会学理论[M]. 北京:中国人民大学出版社,2009.

[37]侯钧生. 西方社会学理论教程[M]. 天津:南开大学出版社,2001.

[38]贾春增. 外国社会学史[M]. 第3版. 北京:中国人民大学出版社,2008.

[39]于海. 西方社会思想史[M]. 上海:复旦大学出版社,1993.

[40]阎明. 中国社会学史——一门学科与一个时代[M]. 北京:清华大学出版社,2010.

[41]文军. 西方社会学理论:经典传统与当代转向[M]. 上海:上海人民出版社,2006.

[42]复旦大学分校社会学系. 社会学文选[M]. 杭州:浙江人民出版社,1981.

[43]张灏. 晚清思想[M]. 台北:时报出版公司,1980.

[44]张闻天选集传记组,等. 张闻天晋陕调查文集[M]. 北京:中共党史出版社,1994.

[45]王康. 社会学在中国[M]//王康. 学步集. 天津:天津人民出版社,1983.

[46]张冠生. 乡土先知[M]. 北京:北京大学出版社,2006.

[47]中国社会科学院社会学研究所. 中国社会学年鉴(1979—1989)[M]. 北京:中国大百科全书出版社,1989.

[49]贺雪峰. 新乡土中国[M]. 桂林:广西师范大学出版社,2003.

[50]谷家荣. 坳瑶社会变迁——广西金秀大瑶山下古陈村调查[M]. 昆明:云南人民出版社,2010.

[51]韩明谟. 农村社会学[M]. 北京:北京大学出版社,2001.

[52]刘豪兴,等. 社会学概论[M]. 第2版. 北京:高等教育出版社,2003.

[53]吴增基,等. 现代社会调查方法[M]. 上海:上海人民出版社,1998.

[54]彭华民,等. 社会学概论[M]. 北京:高等教育出版社,2006.

[55]朱力. 当代中国社会问题[M]. 北京:社会科学文献出版社,2008.

[56]何雪松. 社会问题导论:以转型为视角[M]. 上海:华东理工大学出版社,2007.

[57]袁方. 社会研究方法教程[M]. 北京:北京大学出版社,1997.

[58]风笑天. 社会学研究方法[M]. 北京:中国人民大学出版社,2001.

[59]葛兆光. 古代中国社会与文化十讲[M]. 北京:清华大学出版社,2002.

[60]孙秋云. 文化人类学教程[M]. 北京:民族出版社,2004.

[61]夏建中. 文化人类学理论学派——文化研究的历史[M]. 北京:中国人民大学出版社,1997.

[62]司马云杰. 文化社会学[M]. 北京:中国社会科学出版社,2001.

[63]刘小枫. 现代性社会理论绪论:现代性与现代中国[M]. 上海:上海三联书店,1998.

[64]汪天德. 美国社会学与中国社会经济的发展[M]. 北京:中国人民大学出版社,2013.

[65]陈新华. 留美生与中国社会学[M]. 天津:南开大学出版社,2009.

[66]汪熙,杨小佛. 陈翰笙文集[M]. 上海:复旦大学出版社,1985.

[67]笑阳. 偷窥社会学家的书桌[M]. 北京:中央编译出版社,2011.

2. 中文译著

[1]C赖特·米尔斯．社会学的想象力[M]．陈强，张永强，译．北京：生活·读书·新知三联书店，2005.

[2]伊曼纽尔·沃勒斯坦．所知世界的终结——二十一世纪的社会科学[M]．冯炳昆，译．北京：社会科学文献出版社，2002.

[3]麦克·布洛维．公共社会学[M]．沈原，等，译．北京：社会科学文献出版社，2007.

[4]刘易斯·A科塞．社会思想名家[M]．石人，译．上海：上海人民出版社，2007.

[5]斯塔夫里·阿诺斯．全球通史[M]．第7版．董书慧，等，译．北京：北京大学出版社，2005.

[6]劳伦斯·纽曼．社会研究方法——定性和定量的取向[M]．第5版．郝大海，译．北京：中国人民大学出版社，2007.

[7]戴维·波普诺．社会学[M]．第10版．李强，译．北京：中国人民大学出版社，1999.

[8]迈克尔·谢若登．资产与穷人——一项新的美国福利政策[M]．高鉴国，译．北京：商务印书馆，2007.

[9]安东尼·吉登斯．社会理论与现代社会学[M]．文军，赵勇，译．北京：社会科学文献出版社，2003.

[10]安东尼·吉登斯．社会学——批判的导论[M]．郭忠华，译．上海：上海译文出版社，2013.

[11]安东尼·吉登斯．资本主义与现代社会理论——对马克思、涂尔干和韦伯著作的分析[M]．郭忠华，潘华凌，译．上海：上海译文出版社，2013.

[12]阿兰·斯威伍德．大众文化的神话[M]．冯建三，译．北京：生活·读书·新知三联书店，2003.

[13]迈克尔·希尔. 理解社会政策[M]. 刘升华,译. 北京:商务印书馆,2005.

[14]安东尼·吉登斯. 社会学方法的新规则[M]. 田佑中,刘江涛,译. 北京:社会科学文献出版社,2003.

[15]菲利普·柯尔库夫. 新社会学[M]. 钱翰,译. 北京:科学文献出版社,2000.

[16]让·卡泽纳弗. 社会学十大概念[M]. 杨捷,译. 上海:上海人民出版社,2003.

[17]迪尔凯姆. 社会学研究方法论[M]. 北京:华夏出版社,1988.

[18]雷洁琼. 纪念著名社会学家吴景超教授学术思想讨论会上的讲话[M]//吴景超. 唐人街——共生与同化. 筑生,译. 天津:天津人民出版社,1991.

[19]卢梭. 社会契约论[M]. 李平沤,译. 北京:商务印书馆,2011.

[20]亨利列斐伏尔. 马克思的社会学[M]. 谢永康,毛林林,译. 北京:北京师范大学出版社,2013.

[21]马克斯·韦伯. 新教伦理与资本主义精神[M]. 彭强,黄晓京,译. 西安:陕西师范大学出版社,2002.

[22]乌塔·格哈特. 帕森斯学术思想评传[M]. 李康,译. 北京:北京大学出版社,2009.

[23]马克斯·韦伯. 经济与社会[M]. 林荣远,译. 北京:商务印书馆,1998.

[24]斐迪南·滕尼斯. 共同体与社会[M]. 林荣远,译. 北京:北京大学出版社,2010.

[25]哥斯塔·埃斯平-安德森. 福利资本主义的三个世界[M]. 苗正民,滕玉英,译. 北京:商务印书馆,2010.

[26]MAHBUBANI K. 大融合:东方、西方,与世界的逻辑[M]. 韦民,等,译. 海口:海南出版社,2013。

3. 中文论文

[1]郑杭生，王万俊. 论社会学本土化的类型和特征[J]. 湘潭师范学院学报，2000(4).

[2]郑杭生，王万俊. 论社会学本土化的内涵及其目的[J]. 吉林大学社会科学学报，2000(1):40.

[3]郑杭生，王万俊. 论社会学本土化与社会学的西方化、国际化、全球化[J]. 湘潭大学社会科学学报，2000，24(1).

[4]郑杭生. 社会学本土化及其在中国的表现——中国特色社会学理论探索的梳理和回顾之三[J]. 广西民族学院学报：哲学社会科学版，2004，26(1):144-154.

[5]郑杭生. 社会学中国化的几个问题[J]. 学海，2000(6).

[6]郑杭生. 新型现代性与中国社会学[J]. 宁波党校学报，2004，26(5):21-24.

[7]郑杭生. 促进中国社会学的理论自觉[J]. 新华文摘，2009(24):17-20.

[8]郑杭生. 促进中国社会学的"理论自觉"——我们需要什么样的中国社会学？[J]. 哲学基础理论研究，2013(5):1-7.

[9]郑杭生，陆益龙. 增强理论自觉促进学科发展——谈中国社会学与人类学、民俗学的关系[N]. 中国社会科学报，2010-07-20.

[10]郑杭生. 孙本文先生对早期中国社会学贡献的再认识[J]. 华中师范大学学报：人文社会科学版，2013，52(1):1-5.

[11]郑杭生，杨榴红. 悼念著名社会学家李景汉先生[J]. 群言，1987(1).

[12]郑杭生. 中国社会学百年轨迹[J]. 东南学术，1999(5):87-96.

[13]郑杭生. 对中国社会学的巨大贡献——纪念费孝通先生从事学术

研究79周年[J]. 江苏社会科学,2006(1):43-47.

[14]郑杭生,黄家亮."中国故事"期待学术话语支撑——以中国社会学为例[J]. 人民论坛,2012(12).

[15]郑杭生. 中国模式或中国经验与当代中国社会学再研究[J]. 江苏社会科学,2010(6).

[16]郑杭生. 再评判、再认识、再提炼——中国社会学在"理论自觉"阶段的基本功[R]. 中国社会学会2013年学术年会,2013.

[17]郑杭生. 究竟如何看待"价值中立"?[J]. 社会科学研究,2000(3):94-102.

[18]吴文藻. 功能派社会人类学的由来与现状[J]. 社会研究,1935:111-112.

[19]潘光旦. 为什么仇美仇不起来——一个自我检讨[N]. 光明日报,1952-02-04.

[20]梁漱溟. 两年来我有了哪些转变?[N]. 光明日报,1951-10-05.

[21]费孝通. 试谈扩展社会学的传统界限[J]. 群言,2003,30(12):280.

[22]费孝通. 我对中国农民生活的认识过程[J]. 中国农业大学学报,2007,24(1).

[23]费孝通. 为社会学再说几句话——在社会学座谈会上的发言[J]. 社会科学战线,1980(1):108-112.

[24]全慰天. 我国著名优生学家——潘光旦传略[J]. 优生与遗传,1987(5).

[25]言心哲. 言心哲自传[J]. 晋阳学刊,1982(4):73-77.

[26]袁方. 我的老师——著名社会学家陈达[J]. 中国社会工作,1998(3).

[27]刘少杰. 中国社会学的双重发端[J]. 江苏社会科学,2009(1):1-12.

[28]刘少杰. 扩展中国社会学新境界[J]. 社会,2006(2):80-101.

[29]刘少杰. 从移植到重构——研究西方社会学的理论转向[J]. 教学与研究,2008(6):30-32.

[30]杨敏. 改革开放以来中国社会学理论的重建与发展[J]. 思想战线，2009,35(1):47-54.

[31]李强. 社会学中国化需要建立"中距理论"[N]. 中国社会科学报，2009-11-03(2).

[32]李强. 谈谈社会学的"中国化"[N]. 光明日报,2000-07-25.

[33]李强,郑路. 中国社会学20年:回顾与前瞻[J]. 中国人民大学学报,2000(1):19-26.

[34]周晓虹. 孙本文与20世纪上半叶的中国社会学[J]. 社会学研究，2012(3):1-22.

[35]周晓虹. 社会学经验研究传统的形成与确立[J]. 南京大学学报:哲学·人文科学·社会科学,2001,38(1).

[36]文军. 逻辑起点与核心主题:现代性议题与社会学理论的研究[J]. 华东师范大学学报,2002,34(5):73-80.

[37]文军,王琰. 论孙本文与社会学的中国化[J]. 哈尔滨工业大学学报:社会科学版,2012(5):37-43.

[38]文军. 历史困境与未来挑战:当代西方社会学理论面临的主要危机[J]. 社会学辑刊,2004(3):36-41.

[39]文军. 何为"社会学理论"与"社会学理论"为何——兼论中国社会学理论的研究现状及反思[J]. 湖南师范大学社会科学学报,2007,36(1):68-74.

[40]文军. 中国社会学的自觉[N]. 中国社会科学报,2010-04-20(11).

[41]向德平,宋雯. 认识中国社会建构本土理论——费孝通的学术品质及贡献[J]. 中南民族大学学报:人文社会科学版,2010,30(2):13-17.

[42]夏玉珍,姜利标. 社会学理论本土化的反思[J]. 河南社会科学，2010(1).

[43]夏玉珍,刘小峰. 论"差序格局"对中国社会学理论的贡献[J]. 思想战线,2011,37(6):31-36.

[44]风笑天. 社会学研究方法:走向规范化与本土化所面临的任务[J]. 华中师范大学学报(人文社会科学版),2005,44(6):44-48.

[45]王宁. 社会学的本土化:问题与出路[J]. 社会,2006(6).

[46]田毅鹏,刘拥华. 社会学的人文属性与社会学研究——兼论费孝通《试谈扩展社会学的传统界限》一文的理论意涵[J]. 社会,2006,26(2):102-114.

[47]陆益龙. 从学派自觉到理论自觉——郑杭生对中国社会学及理论的贡献[N]. 北京日报,2012-06-18(24).

[48]郭星华. 也谈价值中立[J]. 江苏社会科学,2000(6).

[49]闭伟宁. 论中国社会现代化的历史特点[J]. 江汉论坛,2011(12):131-134.

[50]闭伟宁. 中国社会现代化进程中的文化建设问题[J]. 江苏社会科学,2013(3):84-89.

[51]闭伟宁. 论中国社会形态跨越发展的理论依据与现实基础[J]. 社会学评论,2013(2):54-66.

[52]奂平清,任建英. 中国社会学的本土化和中国特色社会学的建构——"中国特色社会学——历史·现状·未来"学术研讨会综述[J]. 探索与争鸣,2005(10):33-35.

[53]奂平清."理论自觉"与中国社会学的发展[J]. 西北师大学报(社会科学版),2012,49(3):42-48.

[54]童潇. 郑杭生社会学思想理路探微[J]. 学习与实践,2008(11):139-146.

[55]汪天德. 提倡一点实证主义[J]. 云南民族大学学报:哲学社会科学版,2006,23(1):48-53.

[56]陈树德. 中国社会学的历史反思[J]. 社会学研究,1989(4):1-11.

[57]杨建华. 本土化:中国社会学20世纪20—40年代的探索[J]. 江海学刊,2000(5).

[58]张明. 比较社会学与社会学中国化[J]. 苏州大学学报:哲学社会科学版,1988(1):25-27.

[59]姜利标. 刍议当代中国社会学本土化研究[J]. 学习与实践,2009(10):144-147.

[60]姜利标. 变化发展中的中国社会学[J]. 中国图书评论,2013(8):75-78.

[61]纪德尚. 对中国社会学本土化进程的再认识[J]. 河北学刊,2005,25(6):69-74.

[62]余建华. 关于社会学研究本土化的若干问题的思考[J]. 东方论坛,2006(4):89-93.

[63]董金权,赵宏斌. 论社会学中国化的历程与再探索[J]. 黄河科技大学学报,2007,9(4):72-75.

[64]郭彩琴. 美国社会学本土化运动对社会学中国化的启示[J]. 苏州大学学报:哲学社会科学版,1996(3):50-52.

[65]陶双宾. 批判传统与美国早期社会学理论——一个关乎理论本土化的命题[J]. 沈阳师范大学学报:社会科学版,2007,3(1):6-9.

[66]柳中权. 浅谈澳大利亚社会学"本土化"倾向[J]. 外国问题研究,1983(2).

[67]李宗克. 社会学本土化的理论反思[J]. 探索与争鸣,2011(10):75-77.

[68]刘洪英. 吴文藻与西方社会学的中国化[J]. 徐州师范大学学报:哲学社会科学版,2000,26(3).

[69]吴汉全. 留学生对马克思主义社会学中国化的努力[J]. 盐城师范学院学报:人文社会科学版,2005,25(4):16-21.

[70]李金铮,邓红. 论抗战时期张闻天主持的晋陕农村调查[J]. 抗日战争研究,2008(1):183-209.

[71]周传南. 社会学家——赵承信[J]. 中国人民大学学报,1991,5(1):125-126.

[72]杨榴红. 社会调查学家——李景汉[J]. 中国人民大学学报,1989,3(1).

[73]钟年. 记著名社会学家、人类学家吴泽霖先生[J]. 武汉文史资料,2000(2):34-35.

[74]吴冰."教育原来在清华"——追忆我的父亲吴文藻[J]. 书摘,2000(12).

[75]刘凤泰. 为了尽快恢复社会学——访费孝通教授[J]. 人民教育,1981(9).

[76]丘海雄,严祥军. 重建后的中国社会学的实用性格——兼谈社会学的学科建设问题[J]. 社会学研究,1991(6):10-19.

[77]林彬,王文韬. 对当代中国社会学经验研究及研究方法的分析与反思——90年代社会学经验研究论文的内容分析[J]. 社会学研究,2000(6):38-48.

[78]叶南客,王向伟. 中国社会学的实证主义道路能走多远[J]. 金陵科技学院学报:社会科学版,2012,26(1):1-5.

[79]周蔚华. 价值中理论批判[J]. 中国人民大学学报,1991(3).

[80]陈新华. 近代留美生与中国社会学社[J]. 求索,2005(4):191-193.

[81]熊月之. 晚清上海与中西文化交流[J]. 档案与史学,2000(1):40-45.

[82]张易. 中国清末的政治思潮与西学翻译[J]. 贵州民族研究,2005,25(3):109-114.

[83]刘洪英. 留学生与社会学在中国的传播和发展[J]. 徐州师范大学学报:哲学社会科学版,2001,27(2):39-44.

[84]缪青. 专业化建设的中断与中国社会学的理论转型[J]. 社会学研究,1994(5):42-52.

[85]董驹翔,董翔薇. 论郑杭生教授创立的社会运行学派[J]. 哈尔滨工业大学学报:社会科学版,2012(4):9-12.

[86]李潇潇. 理论自觉与中国的学术话语权——访著名社会学家郑杭

生教授[N]. 中国社会科学报,2010-09-09(5).

[87]李远行. 农村社会学年度论坛(2010):危机与挑战[N]. 中国社会科学报,2010-07-27(11).

[88]张明. 社会学中国化的主要任务和发展趋势[J]. 苏州大学学报:哲学社会科学版,1999(4):135-138.

[89]程建平. 社会学中国化问题探析[J]. 郑州大学学报:哲学社会科学版,1997(2):91-94.

[90]赵定东. 试论费孝通的社会学本土化思想架构[J]. 沈阳师范大学学报:社会科学版,2005,29(4):127-129.

[91]叶赋桂,现代化:合理化与本土化[J]. 清华大学学报:哲学社会科学版,1998(1):16-21.

[92]朱浒,赵丽. 燕大社会调查与中国早期社会学本土化实践[J]. 北京社会科学,2006,31(4):45-53.

[93]杨建华. 与现代化互动:20世纪中国社会学的发展主潮[J]. 东南学术,2002(2):4-16.

[94]路英浩. 在回顾和反思中把握"社会学中国化"[J]. 社会,2006,26(6):19-26.

[95]张飞,都睿."中国创造":社会学本土化的路径选择[J]. 辽东学院学报:社会科学版,2010,12(2):16-20.

[96]周琳琳. 论中国社会学本土化的困境及发展契机[J]. 黄河科技大学学报,2006,8(2):96-98.

[97]龚长宇. 社会学中国化进程中的里程碑式人物[J]. 湖南师范大学社会科学学报,2001,30(2).

[98]马举魁,张和平. 实证主义的现代性迷误——马尔库塞实证主义批判的现代性启示[J]. 西北师大学报:社会科学版,2010,47(5):103-109.

[99]王海燕,尹冬波. 韦伯"价值中立"学说的质疑与僭越[J]. 广西民族大学学报:哲学社会科学版,2006,28(5):86-89.

[100]石华灵．试论科学社会学中的实证主义范式[J]．南昌教育学院学报，2012，27(2)．

[101]付敏红．迪尔凯姆实证主义方法论及思索[J]．经济与社会发展，2004，2(1)：105-107.

[102]吴立保．中国近代大学本土化研究——基于大学校长的视角[D]．上海：华东师范大学，2009.

[103]赵冬．近代科学在中国的本土化实践研究[D]．山西：山西大学，2005.

[104]熊凤水．流变的乡土性：移植·消解·重构——一个外出务工型村庄的调查[D]．武汉：华中师范大学，2011.

[105]汪效驷．江南乡村社会的近代转型研究——以陈翰笙的无锡调查为线索[D]．苏州：苏州大学，2008.

[106]盛志宏．社会政策与社会转型——以政策议程设置模式的嬗变为视角[D]．武汉：华中师范大学，2012.

[107]张小山．齐美尔社会研究方法的后现代主义特征[D]．武汉：华中师范大学，2012.

[108]曲波．本土化中国社会学的双重理论品格[D]．长春：东北师范大学，2007.

[109]林南．社会学中国化的下一步[J]．社会学研究，1986(4)：133-138.

[110]欧文·路易斯·霍罗威兹．科学的两种文化：实证主义的局限性[J]．国际社会科学杂志(中文版)，2005(3)：95-103.

[111]B J安德森．社会学与本土化问题:历史视野中的加拿大与中国[J]．社会，1990(4)：11-13.

[112]B J安德森．社会学与本土化问题：历史视野中的加拿大与中国(续)[J]．社会，1990(5)：4-7.

[113]中国腾飞令西方惊奇[N]．参考消息．2012-11-5(1)．

4. 外文文献

[1]ZHENG H S, WANG W J. Indigenization of Chinese sociology in the 20TH century[M]. LU Y L,translated. Beijing: Renmin University of China Press, 2009.

[2]LOUBSER J J. The need for the indigenization of the social science[J]. Internation sociology, 1988(3).

[3]HABERMAS J. Knowledge and human intrest[M]. Boston:Beacon,1971.

[4]GIDDENS A. Classical social theory and modern sociology[J]. American journal of sociology, 1976(81).

[5]WRONG D. The over-socialized conception of man in modern sociology[J]. Psychoanalysis & the psychoanalytic review, 1961, 49(2): 53-69.

[6]WONG S L. Sociology and socialism in contemporary China[M]. London: Routledg and Kegan Paul, 1979.

[7]INKELES A, DAVID H SMITH. Becoming modern: individual change in six developing cornties[M]. Cambridge: Harvard University Press, 1974.

[8]LEONARD A Hsü. The teaching of sociology in China[J]. The Chinese social and political science review, 1927(3).

[9]HADDADI A. Is China looking for a profit by dealing with the libyan rebels ? [EB/OL].(2011-06-07)[2015-09-10].http://www.ibtimes.co.uk/is-china-looking-for-a-profit-by-dealing-with-the-libyan-rebels-158605.

[10]GIDDENS A, PIERSON C. Conversation with giddens: making sense of modern ity[M]. Cambridge:Polity Press,1998.

后　记

本研究的选题是受到郑杭生老师的指引与点拨而确定的。对于一个社会学资历还比较肤浅的年轻人来说,选择这样一个宏大而又很难达成共识的课题进行研究本身就是一个巨大的挑战。本书在写作过程中,作者一直怀着一颗惶恐而又激动的心。惶恐的是担心本人能力有限,无力驾驭理论研究的"列车",担心将其驶入歧途,引来争议与不安;激动的是,本人虽力不足但又心有余,狂妄地试图丰富学科本土论、拓展理论自觉的内涵。正是在这样一种忐忑的心态下完成了本书。

本书从学科史的角度梳理了中国社会学本土化的历程。在对新中国成立前的本土化讨论中,主要对综合学派、社区学派和马克思主义学派进行了分析,本书并未展开讨论"乡村建设学派"对中国社会学本土化的贡献。这是因为作者认为乡村建设学派通过社会调查的手法着重记录、描述社会实况,是社会服务人士的观点,其主旨不在认识社会,而在改良社会,故注重社会问题的诊断。其代表的是横断的、一时的、局部的、静态的生活状态,重点不在探索社会变迁的历程与规律。故未对其进行详细的探讨。另外,虽然中国台湾地区早在20世纪50年代就掀起了本土化运动,也积累了丰富的学术成果,但由于本人的能力和精力有限,对于查阅台湾地区的本土化资料有一定难度,在大陆现有的台湾学者的成果也是零散而不全面的,因此只能忍痛舍去这部分的讨论。

本书在写作过程中,受到郑杭生教授、谢舜教授的悉心指导。他们传道、授业、解惑的高尚风格引领我完成了本书,在此表示万分感谢!本书的形成也缺少不了杨敏教授、江立华教授、夏玉珍教授、李亚雄教授、雷洪教授等一针见血的批评与指正,在此一并表示感谢!

本书的出版倾注了谢舜教授、王玉生教授、覃志敏博士的大量心血。知识产权出版社李小娟编辑为出版此书做了大量工作。借此机会向他(她)们表示诚挚的谢意。

尽管本人已经做出了很大的努力,但由于水平有限,本书难免还存在很多疏漏与不足之处,甚至有些观点也会受到批判。不管怎样,恳请读者不吝赐教,期待今后展开更为充分的讨论。

缑文学

2016年5月10日于广西大学